Whisky Almanak

Hans & Becky Offringa
The Whisky Couple

Hans & Becky Offringa

Whisky Almanak

Conceptual Continuity

Ontwerp omslag en stramien: Laurien Stam
Opmaak en beeldredactie: Becky Lovett Offringa
Tekst en fotografie*: The Whisky Couple
Druk: Grafistar

Het assortiment in de Whisky Almanak is tot stand gekomen in nauwe samenwerking met de volgende importeurs/producenten: A Brand New Day, Amrut Distillery, Bacardi Nederland, Boomsma, Bresser & Timmer, Diageo Benelux, Disaronno, Dramhunter, Fine Drinks, Inspirits, De Kuyper, Maxxium Nederland, Mitra Retail, De Monnik, Moët-Hennessy Nederland (LVMH), Pernod-Ricard, Van Wees Amersfoort, Walraven Sax, Whisky Import Nederland (WIN). The Whisky Couple dankt alle betrokken personen hartelijk voor de plezierige en constructieve wijze waarop de samenwerking is verlopen.

* pack shots aangeleverd door importeurs/producenten; p322 Dani'el van den Berg, p12, 326 Ron Greve

ISBN 978-90-78668-44-2

www.hansoffringa.com www.thewhiskycouple.com

Voor Wim en Marijke

Inhoud

VOORWOORD

Als hoofdredacteur van het populairste en meest gelezen whiskytijdschrift van de Benelux heb je vast niet genoeg te doen, dachten Hans en Becky Offringa, dus kwamen zij met de vraag of ik een voorwoord wilde schrijven voor de 5de editie van de *Whisky Almanak*. Natuurlijk voelde ik me verplicht en vereerd dit te doen voor een schrijver die al bijna 15 jaar door onze lezers zeer gewaardeerde artikelen levert, veelal aangevuld met foto's van de hand van Becky of hemzelf.

De *Whisky Almanak* is sinds 2005 een begrip in whiskyland en een must voor niet alleen de beginnende whiskyliefhebber maar ook voor degenen die "eens een stapje hoger" willen. Dat je een interessant boekje hebt gekocht, dacht je misschien al, maar het beste bewijs is wel dat alle voorgaande 4 edities niet voor niets zeer snel uitverkocht waren. De serie van vijf opeenvolgende whisky almanakken geeft ook een mooi overzicht van wat er in 15 jaar allemaal aan aanbod, ontwerp etiket en verpakking verandert. Het is dus ook een historisch overzicht, maar vooral een praktisch hulpmiddel.

Je herkent dit vast wel: je staat voor een whiskyschap in een mooie slijterij en ziet ineens door de bomen het bos niet meer. Soms is het een speciaalzaak met wel honderden flessen, de een nog mooier en soms wel eens lelijker dan de andere. Hoe maak je dan een keus? O ja, denk je dan, want dat heb je wel eens gehoord, alle whisky's van het mooie Schotse eiland Islay zijn rokerig, geturfd toch? Nee hoor, Bunnahabhain is helemaal niet rokerig maar staat bekend als de "Gentle Islay Malt". Aan de hand van dit handige boekje leer je echter dat dit dan ook weer niet helemaal waar is, want Bunnahabhain heeft eveneens een zwaar geturfde expressie. Nog een! Alle whisky uit de beroemde

Speyside is vol van smaak met mooie krachtige sherrytonen en zeker niet geturfd. Weer fout! Uit de *Whisky Almanak* leer je dat onder andere Glen Moray en BenRiach, klassieke Speysiders, ook een geturfde versie van hun whisky's op de markt brengen.

Het zijn maar twee voorbeelden waarom dit handzame boekje een handige gids voor je kan zijn in het grote whiskybos. Neem het na grondige studie mee naar de winkel of naar een van de vele whiskyfestivals die er zijn in Nederland en België of waar ook elders in de wereld. Een selectie kun je achterin de almanak vinden. Op de whiskypagina's is ook ruimte gereserveerd om je eigen proefnotities op te schrijven en te vergelijken met die welke Hans & Becky erin hebben gezet.

Ik wil je wel waarschuwen: Dit boekje kan het begin van een verslaving zijn, doch ik bedoel hier geen overmatig drankgebruik mee. Maar wel de start van een hobby die nooit meer ophoudt. Het begint met een paar flesjes voor de afwisseling, het staat zo leuk op het dressoir in de woonkamer. Voordat je het weet heb je een kast vol, want er is een whisky voor elke gelegenheid, smaak en zelfs gemoedstoestand. Daarna ga je een paar keer per jaar naar een whiskyfestival waar je nieuwe whiskyvrienden ontmoet, je wordt lid van een van de vele whiskyclubs en wie weet neem je zelfs een abonnement op *Whisky Passion* (of misschien heb je dat al). Je bent dus gewaarschuwd!

Tot slot een woord over de schrijvers. Wie zijn Hans en Becky Offringa eigenlijk, vragen sommigen zich misschien af. Dat zij internationaal al heel lang bekend staan als The Whisky Couple, zegt misschien genoeg, maar ja iedereen kan zich zo wel noemen. Ik wil daarom toch even benadrukken dat zij die titel echt verdiend hebben en overal in de whiskywereld als gewaardeerde gasten en whiskyconnaisseurs worden beschouwd. Becky staat internationaal bekend als een excellente proever met een encyclopedische feitenkennis en Hans is Lifetime

International Ambassador of the Spirit of Speyside Festival, Kentucky Colonel én Keeper of the Quaich – een unicum in de whiskybranche. Kortom als het om whisky gaat ben je bij hen in goede handen.

Veel leesplezier en Slainte Mhath,

Ronald Zwartepoorte
Uitgever/Hoofdredacteur *WhiskyPassion*, Keeper of the Quaich

Finest
Old Malt
Liqueur Whisky
from
LENGARIOCH DISTILLER
Distilled 1891
J.G. THOMSON & CO
LIMITED,
THE VAULTS
LEITH

WHISKY IS ...

Whisky is een sterke drank die uit graan wordt gedistilleerd en een aantal jaren in eikenhouten vaten rijpt voordat hij gebotteld wordt. Het woord whisky is afgeleid van het Keltische *uisge beatha* (*aqua vitae* in het Latijn), dat levenswater betekent. In de loop der eeuwen is die term verbasterd tot whiskey in Ierland en de Verenigde Staten en tot whisky in Schotland, Canada en de rest van de wereld. Whisky kan overal ter wereld worden gemaakt en wordt dan ook gestookt in een groot aantal landen, van Azië tot Zuid-Afrika.

De Ieren hebben hoogstwaarschijnlijk voor het eerst whiskey gemaakt. De basis daarvoor is te vinden in een publicatie uit de vroege 14de eeuw – *The Red Book of Ossory*, geschreven door een Ierse bisschop, Ledred genaamd. Daarin wordt voor het eerst verwezen naar distilleren van 'aqua vitae'. Pas in 1494 werd voor het eerst in Schotland schriftelijk melding gemaakt van het vervaardigen van whisky, in een officieel document van de regering waarin aan broeder John Cor opdracht wordt verstrekt tot het maken van 'aqua vitae', maar we mogen gerust aannemen dat er in de eeuwen daarvoor al heel wat werd afgestookt in de Schotse Highlands.

Europese pioniers hebben aan het begin van de 17de eeuw de kennis van het whisky stoken naar Amerika, toen nog een Britse kolonie, gebracht. Aanvankelijk werd er vooral whiskey van rogge gestookt, maar nadat de boeren kennis hadden gemaakt met het destijds inheemse gewas corn (maïs), schakelden ze daar geleidelijk op over als belangrijkste bestanddeel voor hun versie van de drank. George Washington, de eerste president van de Verenigde Staten, hield er behalve een plantage ook een whiskey stokerij op na. Schotse en Ierse emigranten brachten in de 19de en 20ste eeuw een stroomversnelling in de whisk(e)y industrie in Canada en de VS op gang.

De Drooglegging in de VS (1920-1933) bracht de Amerikaanse whiskey-industrie enorme schade toe, waarvan de gevolgen nog vele tientallen jaren zouden nagalmen. De laatste drie decennia is bourbon echter aan een - terechte - opmars begonnen. Er verschijnen steeds meer "single barrel" bourbons op de markt. Ze zijn qua bijzonderheid te vergelijken met de Schotse "single cask" expressies.

Canada is één van de grootste producenten ter wereld. Er wordt echter betrekkelijk weinig Canadese whisky in Nederland en België gedronken. Dat betekent overigens niet dat deze whiskysoort niet in beweging is. De productie is gecontroleerd en geconcentreerd in negen distilleerderijen, waarvan Gimli, eigendom van Diageo, de grootste is. Japan is relatief nog een jonkie in de whiskywereld, historisch gezien. Er wordt sinds 1923 gedistilleerd bij Yamazaki. Wie daar een grote rol heeft gespeeld was Masataka Taketsuru-san. Die had het distilleren in het eerste kwart van de 20ste eeuw onder andere bij Ben Nevis in Schotland geleerd. Hij nam niet alleen de kennis uit Schotland mee, maar ook zijn latere vrouw Rita. Taketsuru vertrok naderhand bij Yamazaki en richtte Yoichi Distillery op in het noorden van Japan, waar Nikka whisky wordt gemaakt. Er zijn thans een stuk of vijftien distilleerderijen in Japan. De betrokkenheid gaat echter verder. Four Roses in Lawrenceburg, Kentucky (VS), is eigendom van de Japanse brouwerij en stokerij Kirin. De distilleerderijen van Jim Beam en Maker's Mark zijn in handen van Beam Suntory, dat ook Bowmore, Auchentoshan, Glen Garioch en Laphroaig bezit. Tomatin en Ben Nevis zijn eveneens in Japanse handen.

KENTUCKY
ND782
Farm

SOORTEN

Whisky wordt gemaakt van graan, water en gist. Daarmee begint het verhaal pas. Want over welke whisk(e)y hebben we het? Er zijn namelijk verschillende soorten en elk land kent zijn eigen productiemethoden, hoewel die in de basis niet zoveel van elkaar verschillen.

Het principe is overal hetzelfde: In graan zit zetmeel. Dat kun je met behulp van enzymen omzetten in vergistbare suikers. Wanneer je de suikers oplost in warm water en er vervolgens gist bij doet, ontstaat er alcohol. Die kun je een of meer keren opstoken om het gewenste alcoholgehalte te bereiken. Daarna laat je het distillaat enige tijd rijpen in eikenhouten vaten, waarna je whisky hebt. De minimum rijpingstijd verschilt per land. Schotland, Ierland, de Verenigde Staten, Canada en Japan zijn wereldwijd de belangrijkste spelers. Ze worden daarom gezamenlijk wel The Big Five genoemd.

Schotland

In Schotland worden vier soorten whisky gemaakt:

Single malt whisky wordt geproduceerd van gemoute gerst, in batches gedistilleerd in potvormige koperen ketels (pot stills) en is afkomstig van één enkele distilleerderij. Voorbeelden: The Glenlivet, The Macallan, Lagavulin.

Grain whisky wordt gestookt van andere graansoorten zoals maïs of tarwe, in metershoge distilleerkolommen (column stills) via een proces van continue distillatie. Voorbeelden: North British, Black Barrel, Cameron Brig.

Blended whisky is een mix van bovenstaande twee soorten; gerijpte malt whisky's uit verschillende distilleerderijen, vermengd met een aanzienlijke hoeveelheid gerijpte grain whisky (meestal gestookt van maïs of tarwe). Voorbeelden: The Famous Grouse, Johnnie Walker, Ballantine's, Chivas Regal, Black Bottle.

Blended malt whisky is een mix van uitsluitend malt whisky's, afkomstig van verschillende distilleerderijen. In een blended malt zit geen grain whisky. Dit type wordt ook wel eens *vatted malt whisky* genoemd. Voorbeelden: Monkey Shoulder, Johnnie Walker Green Label, Odyssey.

Bijna 90% van alle Schotse whisky's is blended whisky. De rest wordt gebotteld als single malt. Alle Schotse whisky rijpt minimaal drie jaar in eikenhouten vaten.

Voor single malt whisky's wordt in Schotland een regio-aanduiding gehanteerd. De meest gangbare is: Highlands, Islands, Speyside, Lowlands, Islay, Campbeltown. Van oudsher was dat een indicatie voor de smaak van de whisky. Zo staat Islay al heel lang bekend om zijn uitgesproken rokerige whisky's terwijl de Speysiders vooral fleurig en fruitig zijn. Tegenwoordig worden er echter ook niet-rokerige whisky's op Islay gemaakt en rokerige in de Speyside. Deze regio-indeling is thans vooral ook handig bij het plannen van een bezoek aan een distilleerderij.

Ierland

De Ieren maken voor het merendeel *blended whiskey* en gebruiken daarvoor zowel pot stills als column stills. Voorbeelden: Jameson, Paddy's, Powers.

Daarnaast worden er op kleinere schaal *grain whiskeys*, zoals Kilbeggan geproduceerd.

Ook komen er *single malt whiskeys* uit de Ierse Republiek. Voorbeelden: Connemara, Tyrconnell.

CHARGRILL RESTAURANT
THE CREAMERY BAR
THE CREAMERY BAR
Chargrill Restaurant
THE CREAMERY BAR
Bunratty
061
364114
ZV 2972

George Washington's
Distillery &
Gristmill

Een speciale, voor Ierland unieke soort wordt *single pot still whiskey* genoemd, voorheen ook *pure pot still*. Het is een distillaat van gemoute en ongemoute gerst, gestookt in een koperen ketel. Voorbeelden: Green Spot, Redbreast.

Een *combinatie* van grain whiskey, single malt whiskey en single pot still whisky komt ook voor. Voorbeeld: Tullamore D.E.W.

Uit Noord-Ierland komen zowel blends (Black Bush) als single malts (Bushmills).

In de afgelopen paar jaar is het aantal distilleerderijen gegroeid tot meer dan een dozijn. De nieuwelingen zijn vooral kleine craft distillers.

De Verenigde Staten

Amerikaanse whiskey wordt voornamelijk gemaakt van een mix van diverse granen volgens een bepaald recept, dat "mash bill" wordt genoemd. De mix wordt al vóór het productieproces gemaakt. Dit in tegenstelling tot de Schotten, die pas blenden na het rijpen van de whisky. De meest gebruikte granen zijn maïs, rogge, tarwe en gemoute gerst. Elke distilleerderij in de VS hanteert eigen recepten. Men onderscheidt traditioneel vijf verschillende hoofdtypen.

Bourbon whiskey kan overal in de VS worden gemaakt en komt voornamelijk uit Kentucky. Het hoofdbestanddeel is maïs. Staat er Straight Bourbon op het etiket, dan moet de Bourbon in de fles aan een aantal specifieke productie-eisen voldoen. Voorbeelden: Four Roses, Maker's Mark, Wild Turkey. Aangezien Bourbon een beschermde productnaam is, mag whisky die op een vergelijkbare wijze elders in de wereld geproduceerd wordt, die naam niet dragen. Die dient dan met de term "bourbon style" whisky te worden aangeduid.

Tennessee whiskey kan alleen in de gelijknamige staat worden gemaakt en dient volgens het zogenaamde Lincoln County Process gefilterd te zijn, ofwel filtering door houtskool van de suikerahorn. Dit is de enige specifieke regio-aanduiding die in de VS wordt gebruikt. Voorbeelden: Jack Daniel's, George Dickel.

Rye whiskey, eveneens voor het grootste deel uit Kentucky, kent als hoofdbestanddeel rogge. Voorbeelden: George T. Stagg, Old Overholt, Rittenhouse, Sazerac.

Wheat whiskey heeft als voornaamste component tarwe. Voorbeeld: Bernheim.

Blended whiskey is voornamelijk neutrale graanalcohol, met toevoeging van kleine hoeveelheden Bourbon of Rye whiskey. Voorbeeld: Barton's.

Single malt whisky wordt in de VS op beperkte schaal gemaakt. Daarnaast zijn er honderden craft distilleerderijen over de 50 staten verspreid, die vrijwel alleen voor de lokale markt produceren. Ze schieten als paddenstoelen uit de grond, enigszins vergelijkbaar met de hausse aan microbrouwerijen in de 1980's en 1990's.

Canada

Voor het maken van *Canadian Whisky* wordt gebruik gemaakt van column stills en pot stills. De ingrediënten zijn vrijwel altijd een combinatie van granen, met name maïs, tarwe en rogge. Deze worden apart van elkaar gestookt en na het rijpen met elkaar gemengd. Rogge is in de meeste Canadese whisky's een belangrijk smaakbestanddeel. Vaak wordt een klein percentage fruitwijn toegevoegd. Dit is wettelijk toegestaan. Voorbeelden: Black Velvet, Canadian Club, Crown Royal.

Single malt whisky wordt in Canada alleen door Glenora in Nova Scotia geproduceerd en onder de merknaam Glen Breton gebotteld. Verder is in dit land ook een groei van het aantal craft distilleerderijen waar te nemen. Het aantal ligt momenteel rond de 60.

Japan

Het land van de rijzende zon volgt de Schotse distilleertradities, met enkele nuanceverschillen. Er wordt van oorsprong veel Schotse whisky geïmporteerd om met de inheemse graandistillaten te blenden, maar in de laatste decennia zijn er steeds meer *blends* en *single malts* van eigen bodem op de markt gekomen met een zeer specifieke smaak. Voorbeelden: Hibiki, Nikka, Yamazaki.

De rest van de wereld

En dan is er natuurlijk ook nog de rest van de wereld. India produceert enorm veel blended whisky die vrijwel uitsluitend in eigen land wordt geconsumeerd. Door diverse distilleerderijen wordt melasse (een soort suikerstroop) als grondstof gebruikt en mag het eindproduct strikt genomen geen whisky heten. Het heeft meer van rum weg. Een uitzondering vormen de single malts Amrut en Paul John, die vrijwel niet in het land van herkomst verkrijgbaar zijn. Taiwan timmert succesvol aan de weg met Kavalan Single Malt en Omar. Australië heeft lange tijd zonder distilleerderijen gezeten maar heeft er nu een goed dozijn, met Tasmanië in de voorhoede. Zuid-Afrika produceert ook al een aantal jaren whisky en sinds kort zijn China en Rusland er bij gekomen.

In Nederland en België wordt eveneens whisky gemaakt. Voorbeelden: Belgian Owl bij Luik, Frysk Hynder bij Us Heit in Bolsward en Millstone bij Zuidam in Baarle-Nassau. Ook zijn er tientallen kleine distilleerderijtjes, verspreid over het land. Een van de opmerkelijkste is Van Kalkwijck Distillers, geleid door een van de weinige vrouwelijke distillateurs op het Europese vasteland.

Verder zijn er verspreid over Europa tal van microdistilleerderijen te vinden, die vrijwel uitsluitend kleine hoeveelheden voor de lokale markt produceren.

2011
100G8
100G7

BRUICH
BRUICHLADD

IN DE FLES

De meeste distilleerderijen brengen whisky uit onder eigen naam. Dit wordt een officiële botteling genoemd. Dat betekent overigens niet dat de whisky op de distilleerderij zelf is gebotteld. Meestal gebeurt dat op een centrale bottelarij, die niet zelden voor diverse producenten werkt. Er zijn nog maar enkele stokerijen die een eigen bottelarij hebben, zoals Glenfiddich, Edradour en Bruichladdich. Bijna alle whisky wordt centraal gebotteld en vandaaruit verscheept over de hele wereld. Op het etiket is altijd duidelijk te zien dat het om een officiële botteling gaat. Het betreft hier het leeuwendeel van alle gebottelde whisky.

Wanneer de whisky eenmaal in de fles zit, rijpt hij niet verder. Mits goed afgesloten, kan hij tientallen jaren bewaard worden. Is de fles eenmaal open, dan zullen smaak en geur na verloop van tijd veranderen door de invloed van zuurstof. Bederven doet whisky niet.

Distilleerderijen verkopen ook vaten whisky aan onafhankelijke bottelaars. Dat gebeurde al in de 19de eeuw. Aanvankelijk werd whisky per vat verkocht aan pubs en hotels. Wanneer iemand een whisky bestelde, werd deze rechtstreeks uit het vat getapt. Met de opkomst van glas als verpakking werd het bottelen van whisky populair. Een andere reden voor distillateurs om tot bottelen over te gaan was de zekerheid dat de whisky niet versneden kon worden.

Onafhankelijke bottelaars bestaan al heel lang. De oudste twee in deze tak van de whiskyindustrie zijn Gordon & MacPhail en Cadenhead, beiden stammend uit de 19de eeuw. Dankzij deze bottelaars, die over enorme hoeveelheden vaten en jaargangen beschikken, kunnen we heden ten dage nog proeven van whisky's die wel 50 jaar of meer hebben gerijpt voordat ze op de markt kwamen.

Het etiket van een onafhankelijke botteling ziet er beduidend anders uit dan dat van een officiële botteling. Meestal staat de naam van de bottelaar er op. Wel staat doorgaans vermeld van welke distilleerderij de whisky komt. Meestal betreft het single malts, niet zelden uit één vat. Dat wordt dan een "single cask of single barrel" botteling genoemd. Ze zijn niet beter of slechter dan de officiële distilleerderij-bottelingen, maar verschillen per botteling/jaargang van smaak, zonder het karakteristieke smaakprofiel van de whisky in kwestie te verliezen.

Enkele onafhankelijke bottelaars die je in de slijterij tegen kunt komen zijn bijvoorbeeld Adelphi, Blackadder, Cadenhead, Duncan Taylor, Gordon & MacPhail, Morrison & Mackay en Signatory. Laatstgenoemde bottelt voor de firma Van Wees de Ultimate-serie, die in whiskyspeciaalzaken goed verkrijgbaar is.

Een bijzondere eend in de bijt is de Scotch Malt Whisky Society die officieel sinds 1983 bestaat. De SMWS bottelt single cask single malt whisky op vatsterkte en verkoopt uitsluitend aan haar leden. Dat zijn er momenteel een kleine 30.000 in 22 landen. Zij ontvangen vier maal per jaar het blad *Unfiltered* en kunnen op www.smws.com whisky kopen. Rechtstreekse verzending geschiedt vanuit het hoofdkantoor in Edinburgh. Deze flessen vind je dus niet op de schappen bij de slijter, maar je kunt ze wel proeven bij de SMWS Partner Bars waarvan er wereldwijd een stuk of 50 zijn. Nederland heeft er drie: – JD Williams in Amsterdam, Café De Toeter in Groningen en Patrick's Bar (Hotel Fidder) in Zwolle.

In mijn hoedanigheid als internationaal ambassadeur van de SMWS verzorg ik samen met Becky op aanvraag SMWS tastings voor whisky-clubs en andere organisaties.

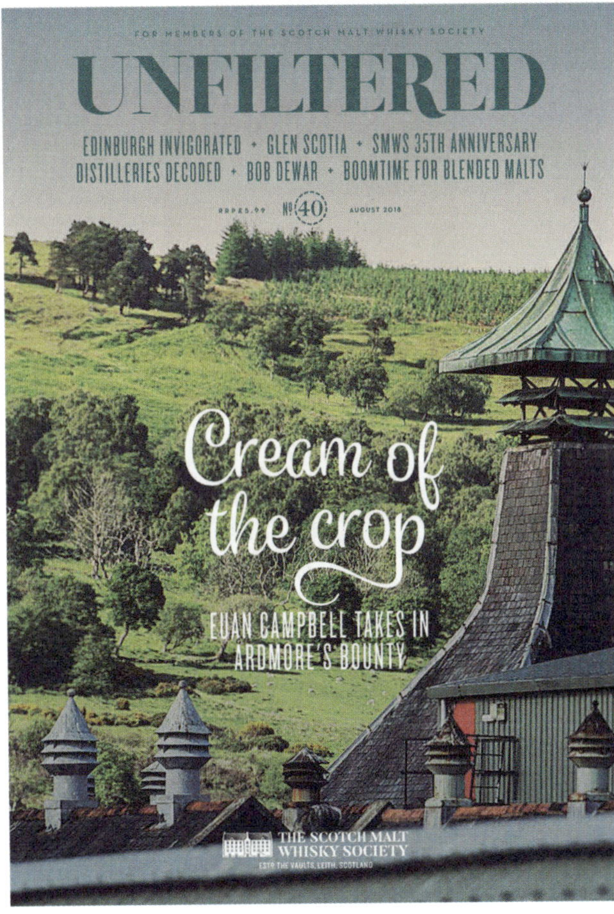
FOR MEMBERS OF THE SCOTCH MALT WHISKY SOCIETY
UNFILTERED
EDINBURGH INVIGORATED • GLEN SCOTIA • SMWS 35TH ANNIVERSARY
DISTILLERIES DECODED • BOB DEWAR • BOOMTIME FOR BLENDED MALTS
RRP £5.99
Nº 40
AUGUST 2018
Cream of the crop
EUAN CAMPBELL TAKES IN ARDMORE'S BOUNTY
THE SCOTCH MALT WHISKY SOCIETY
ESTD THE VAULTS, LEITH, SCOTLAND

100% SCOTCH WHISKIES
PASSPORT
SCOTCH
IMPORTED SCOTCH WHISKY
PRODOTTO ED IMBOTTIGLIATO DA:
WILLIAM LONGMORE & CO. LTD.
KEITH, SCOTLAND
NELLO STESSO STABILIMENTO DI
KEITH, SCOTLAND
IMPORTATO DA:
DISTILLERIE F. LLI RAMAZZOTTI S.P.A.-MILANO
LIC. UTIF No 1 MILANO
CONT. IDR. CL 75-AN. CL 30-GR. 40°

OP HET ETIKET

Het etiket is het paspoort naar de whisky van je keuze. Het vertelt je veel over de drank in die speciale fles, zo niet alles.

Herkomst: Land van productie. Een eerste indicatie voor het type whisky.

Type: Bijvoorbeeld: Kentucky Straight Bourbon, Single Malt, Blended Scotch.

Regio: Met name bij Schotse single malts. De regio waar de whisky is gemaakt, bijvoorbeeld: Speyside, Islay, Highlands, Islands, Orkney, Lowlands. Wordt ook vaak gebruikt als smaak-indicator, maar dat gaat niet altijd op. Over het algemeen zijn Islay malts vrij stevig en rokerig van smaak, terwijl Lowland whisky's zachter en lichter zijn. De rest zit daar tussen in.

Leeftijd: Het aantal jaren dat de whisky heeft gerijpt. Dit heeft altijd betrekking op de jongste whisky in de fles. Op Amerikaanse en Canadese whisk(e)y staat lang niet altijd een jaartal. Op standaard blended Scotch ook niet. Bij premium blends doorgaans wel. Bij sommige Schotse single malts staan twee jaartallen op de fles: het jaar van distillatie en het jaar van botteling. Dat wordt soms een "vintage" malt whisky genoemd.

Naam: Whisky's kunnen ook een extra naam hebben. Voorbeelden: Bunnahabhain Toiteach a Dhà, Talisker Storm, The Glenlivet Nàdurra,

Aberlour A'bunadh. Dat is niet zelden een verwijzing naar de kleur, de smaak, de omgeving, de klimatologische omstandigheden of de oorsprong.

Alcoholpercentage: De sterkte waarop de whisky is gebotteld. Doorgaans wordt whisky bij het bottelen verdund tot 40-43%. Onverdunde whisky kan meer dan 60% alcohol bevatten. Op het etiket staat dan vermeld: Cask Strength, ofwel "vatsterkte", met daarnaast het exacte percentage alcohol.

Op Amerikaanse whiskey staat vaak de aanduiding *proof*. Als vuistregel kun je het "proof-getal" door twee delen om het alcoholpercentage uit te rekenen: 80 proof is 40% alcohol.

Filtering: De meeste whisky's worden koud gefilterd vóór het bottelen, om ongewenste bestanddelen uit het vat in de fles te voorkomen. Er zijn ook ongefilterde whisky's verkrijgbaar. Op het etiket staat dat vermeld met de term: un-chillfiltered of non-chillfiltered.

Inhoud: Een standaard fles bevat 70 cl. Sommige merken zijn ook verkrijgbaar in flessen van 20 cl, 35 cl, 1 liter en 1,75 liter. Miniatuurtjes bevatten doorgaans 5 cl.

Naam distilleerderij: Vaak is de naam van de distilleerderij dezelfde als de whisky die er vandaan komt. Dat is niet altijd het geval. Heaven Hill in de VS maakt meer dan honderd verschillende soorten bourbon en rye. Slechts één ervan is naar de distilleerderij zelf vernoemd. De distilleerderij Tobermory op het eiland Mull maakt naast een gelijknamige single malt ook een versie die Ledaig heet.

Oprichtingsdatum: Niet altijd. Doorgaans wanneer het een onafhankelijke bottelaar betreft.

Naam bottelaar: Niet altijd.

Logo: De afbeelding waarmee de whisky zich afficheert, bijvoorbeeld de man met hoge hoed op de flessen van Johnnie Walker of Gilbert op The Famous Grouse. In de loop der jaren worden deze beeldmerken vaak gestileerd. Dat gebeurt heel gelijkmatig. Ooit liep de "striding man" van Johnnie Walker naar links; tegenwoordig wandelt hij naar rechts. Gilbert droeg vroeger een gedetailleerd getekend verenpak. Tegenwoordig heeft zijn pak meer van een smoking weg.

Proefnotitie: Niet altijd. Doorgaans op het label aan de achterkant van de fles, of op de verpakking.

Wanneer de whisky in een koker is verpakt, zit daar wel eens een klein boekje in met wetenswaardigheden over de distilleerderij zelf, gecombineerd met een proefnotitie.

DAILY
DRAM

TIPS OM TE PROEVEN

Ruiken en proeven begint bij de keuze van het glas. De bekende, brede tumbler drinkt gemakkelijk weg en is vooral geschikt om whisky *on the rocks* te drinken. Drink je whisky graag in een mix met ginger ale, cola of sodawater, dan zul je waarschijnlijk de voorkeur geven aan een longdrink glas.

Ben je op zoek naar uitgebreide geur- en smaaknuances pak dan een speciaal proefglas, van onderen een beetje bolvormig en naar boven taps toelopend. De whisky kan in dit type glas – ook wel tulp genoemd – goed rondgedraaid worden en de nauwere bovenkant zorgt ervoor dat de aroma's niet zo snel ontsnappen. Dergelijke proefglazen zijn er in verschillende vormen en afmetingen, met en zonder voetje. Laatstgenoemde wordt onder andere door Glencairn geproduceerd. Dat is het standaard glas op de meeste whisky festivals in de wereld.

Wil je het meeste uit je glas whisky halen, ga dan als volgt te werk:

Schenk ongeveer 2 cl whisky in het glas. Draai het glas rustig rond en neem de tijd om de kleur te bekijken.

Ruik daarna aan de whisky door je neus ongeveer een vingerdikte boven het glas te houden. Merk daarbij het verschil op tussen ruiken met gesloten en met open mond. Ruik met kleine snufjes. Adem uit door je mond. Een flinke snuif met je neus diep in het glas haalt voornamelijk de alcohol naar boven en die werkt als een verdovend middel op je geurreceptoren. Het gevolg is dat je gedurende tien tot vijftien minuten niet zoveel ruikt of proeft.

Proef nu een klein slokje. Slik de whisky niet meteen door maar geef hem de kans elk deel van je mond met een bezoekje te vereren. Je zult zoete, zoute, bittere en zure kenmerken waarnemen, niet allemaal even intens.

Als je weinig sterke drank drinkt en 40% alcohol of meer niet gewend bent, kun je eerst een slokje water in de mond nemen en daar wat whisky bijgieten. Je pikt dan wel de smaken en geuren op, maar mist de "burn" van de alcohol.

Probeer de reuk vast te houden, evenals het gevoel in je mond. Je zult merken dat de ene whisky "dun" aanvoelt, de andere meer "olie-achtig", zoals een "vette" Chardonnay. Dat wordt de *body* van de whisky genoemd.

Ruiken, voelen, proeven én kijken vormen tezamen de factoren die het plezier van whisky genieten verhogen. Ook het kijken geeft een indicatie over eigenschappen van de whisky, zoals de kleur en het alcoholgehalte.

Houd het glas scheef, draai het 360 graden rond, houd het glas weer rechtop en zie de "tranen" op de wand naar beneden kruipen. Hoe dunner de traan, hoe hoger het alcoholpercentage; hoe langzamer de traan loopt, hoe complexer en vettiger het mondgevoel.

Wanneer je meer whisky's na elkaar wilt proeven, kun je de glazen vooraf inschenken. Het is raadzaam om tussen de whisky's water te drinken of een stukje droog brood te eten. Het gebruik van ijs is niet verboden maar wel af te raden. Het verdooft de smaakpapillen, koelt en verdunt de drank waardoor de sensatie van het proeven afvlakt. Vind je whisky echter lekkerder met een klontje ijs (of meer), blijf dat dan zeker doen. Drink de whisky vooral op de wijze die je zelf het lekkerst vindt.

GEUREN EN SMAKEN

Experts hebben honderden geuren en smaken ontdekt en beschreven, die relatief eenvoudig in een tiental hoofdgroepen zijn onder te verdelen: Bloemen, Fruit, Mout, Vanille, Rokerig, Hout, Honing, Noten, Kruiden, Medicinaal.

De meeste mensen herkennen de eerste vier. Rokerig zullen de meeste mensen ook wel onderscheiden. De overige vijf vergen meer training en ervaring. Wanneer je eenmaal fruit of bloemen in je whisky herkent, zul je na enige tijd nuances aanbrengen en daadwerkelijk appel, ananas, banaan of viooltjes en jasmijn gaan waarnemen. In ons boek *De Keuken in met Whisky* vind je diverse hulpmiddelen om geuren te leren waarnemen en te beschrijven, alsmede een uitgebreide lijst met gebezigde termen.

Er worden geen smaak- of geurstoffen aan whisky toegevoegd. De aroma's die je waarneemt zijn allemaal langs natuurlijke weg gevormd. Whisky uit een vat van Europees eikenhout kan bijvoorbeeld een geur van gedroogd fruit afgeven. Vanille daarentegen is kenmerkend voor whisky die in Amerikaans eikenhout heeft gerijpt. De smaak van whisky wordt voor meer dan 60% bepaald door het vat waarin hij is gerijpt, in combinatie met de tijd die hij in dat vat heeft doorgebracht.

Een rokerig aroma in de whisky ontstaat doordat de gemoute gerst is gedroogd boven een turfvuur. In turfrook zitten zogenaamde fenolen, die zich aan de gerstekorrels vastkleven. Deze minuscule rookdeeltjes zorgen er uiteindelijk voor dat whisky's als Ardbeg, Bowmore, Lagavulin en Laphroaig zo'n uitgesproken rokerige geur en smaak hebben.

Van nature ruikt de ene mens beter dan de ander. Ook de omstandigheden spelen een rol. Ben je net verkouden geweest, of heb je zojuist knoflook of een kruidige curry gegeten, dan beïnvloedt dat je smaakpapillen en geurreceptoren behoorlijk. Is de whisky koud of warm?

Daarnaast is het niet iedereen gegeven om goed te beschrijven wat hij of zij waarneemt in een whisky. Dat hindert niet. Deze almanak is een hulpmiddel om een idee te krijgen wat het smaakprofiel van een bepaalde whisky is. Een handig hulpmiddel, maar uiteindelijk blijft smaak heel persoonlijk. Het belangrijkste is of je de whisky van je keuze lekker vindt.

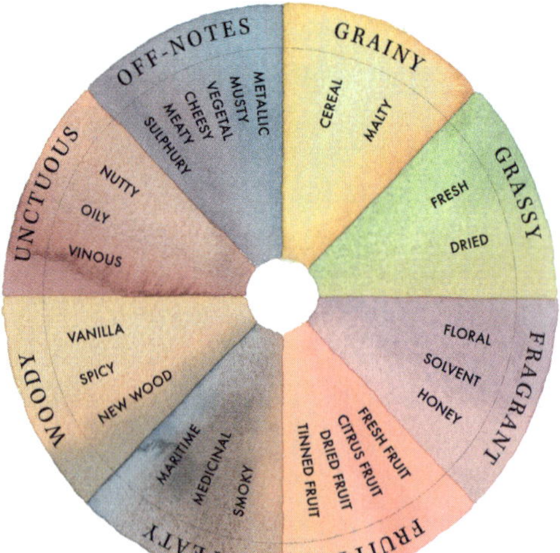

Bovenstaand smaakwiel is ontwikkeld door Charles MacLean.

SCHRIJF JE EIGEN PROEFNOTITIE

Bij het schrijven van een proefnotitie kun je bijvoorbeeld als volgt te werk gaan:

1. Beschrijf allereerst de *kleur* (bijvoorbeeld geel, goud, brons, amber).
2. Noteer de eerste *geurindruk* en gebruik een algemene term als bloemen, fruit, rokerig, houtig e.d.
3. Neem een slokje. Schrijf dan eerst op hoe de whisky in de mond voelt. Dit heet de *body*. Die kan olieachtig zijn, dun, droog etc. Noteer vervolgens de eerste smaakindruk en gebruik opnieuw een algemene term: fruit, bloemen, graan, etc. Merk bij het doorslikken de *afdronk* op: lang, kort, middellang.
4. Ruik en proef vervolgens opnieuw. Probeer of je de *geuren* en *smaken* iets specifieker kunt benoemen. Bijvoorbeeld bij fruit: peer, banaan, lychee; bij bloemen: jasmijn, rozen, viooltjes; bij houtig: cederhout, sigarendoosjes, vanille.

Herhaal de stappen 1 t/m 4 en voeg een klein beetje water aan je whisky toe. De moleculaire structuur van de vloeistof verandert. De whisky gaat als het ware "open" en er komen nog meer aroma's vrij. Het kost veel tijd en oefening om whisky's uit elkaar te kunnen houden. De ene mens ruikt van nature ook beter dan de andere. Wie het moeilijk vindt om geuren en smaken exact te beschrijven, kan in plaats daarvan een metafoor gebruiken, zoals: "het ruikt als het kruidenkastje van mijn moeder", of "de geur van een pas uitgemaakt kampvuur op het strand".

Proeven van whisky is voor een belangrijk deel emotie. Gekoppeld aan een bepaalde ervaring geeft het een uitstekend geheugenanker om een bepaalde whisky of een zeker smaakprofiel vervolgens beter te herkennen. Proeven blijft echter voor alles een persoonlijke beleving zoals je kunt lezen in het boek *Mijn Whisky* (ISBN 978-90-4520597-7, Karakter Uitgevers, 2014) dat we samen met lifestyle journalist Marcel Langedijk hebben geschreven.

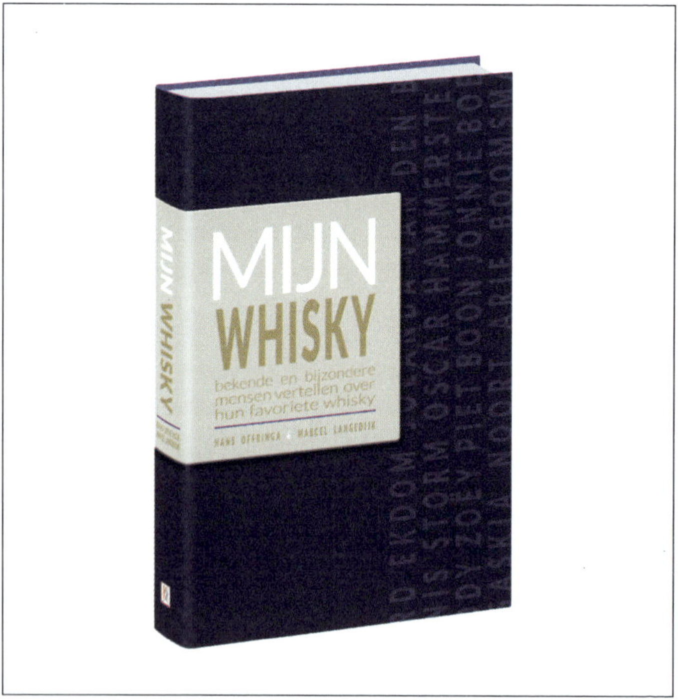

REGISTER VAN WHISKY'S

Op de volgende pagina's vind je compacte beschrijvingen van whisky's en whiskey's uit verschillende landen. Ze zijn alfabetisch op naam gerangschikt en voorzien van een soortaanduiding. Onder het kopje ABV (alcohol by volume) staat het alcoholpercentage. Doorgaans is de inhoud 70cl, de standaard hoeveelheid waarmee in Nederland wordt gebotteld. Indien de inhoud afwijkt, is dat expliciet vermeld.Een exacte prijs is moeilijk te geven, daar het elke slijter in principe vrij staat zelf de verkoopprijs te bepalen. Daarom hebben wij gekozen voor een prijs-indicatie met behulp van euro-tekentjes, een bandbreedte:

€	tot 30 euro
€€	30 tot 50 euro
€€€	50 tot 70 euro
€€€€	70 tot 100 euro
€€€€€	meer dan 100 euro
€€€€€€	meer dan 200 euro

In bepaalde tijden van het jaar worden ook speciale acties door diverse slijters gehouden. De prijzen kunnen dan afwijken van de hierboven vermelde bandbreedte.

Het kan voorkomen dat je een whisky op het schap ziet die niet in de almanak staat. Dat is niet verwonderlijk want er worden duizenden whisky's gemaakt, wereldwijd. Een boek met daarin alle whisky's van de wereld zou niet te tillen zijn en vrijwel constant aangevuld moeten worden met nieuwe versies.

Dit boekwerkje streeft echter geen compleetheid na maar is vooral bedoeld als "draagbare gids" naar whisky's en whiskey's die breed leverbaar zijn. De opgenomen selectie is daarom in nauw overleg met de toonaangevende importeurs en producenten tot stand gekomen en weerspiegelt een assortiment dat over het algemeen bij de meeste slijterijen en whiskyspeciaalzaken goed te verkrijgen is. Zie je een whisky bij de slijter staan die niet in de almanak staat, dan komt dat doordat wij van de desbetreffende importeur geen opgave hebben ontvangen.

Als basis voor de beschrijvingen zijn we uitgegaan van de officiële proefnotities die ons door de importeurs/producenten ter hand zijn gesteld. Uiteraard hebben we daar onze eigen draai aan gegeven – dat zijn we aan onze stand verplicht – maar de intentie van de whiskymakers is intact gelaten.

We hebben ook ruimte opengelaten voor het schrijven van je eigen proefnotities. Enfin, geniet, maar drink met mate!

Hans & Becky Offringa
The Whisky Couple

ABERFELDY
12 YEAR OLD

LAND	Schotland, Central Highlands
SOORT	Single Malt
ABV	40%
PRIJS	€€

PROEFNOTITIE

Dorp, distilleerderij en dram dragen dezelfde naam. De stokerij werd ooit opgericht door John & Tommy Dewar, beroemde blenders uit het eind van de 19de eeuw. Deze vol gouden single malt is licht kruidig, bijna wierookachtig met heidehoning, een fruitige zachtheid met tonen van ananas, toast en granen. Stroperig, gloeit op de tong na als likeur. In de afdronk wordt het geparfumeerde karakter kruidiger met een toon van bittere sinaasappel. Uitgesproken droog.

Aberlour
12 Year Old
Double Cask Matured

Land Schotland, Speyside
Soort Single Malt
ABV 43%
Prijs €€

Proefnotitie

Een dram die je zacht en rond tegemoet treedt, met duidelijke tonen van rode appel. Het sherry-karakter, de handtekening van Aberlour, met de kenmerkende fruitige aroma's, wordt in evenwicht gehouden door rijke chocolade, toffee, kaneel en kruidigheid (met name gember). De finale is warm en houdt lang aan; zoet met een vleugje kruiden.

Aberlour
16 Year Old
Double Cask Matured

LAND	Schotland, Speyside
SOORT	Single Malt
ABV	40%
PRIJS	€€€

Proefnotitie

Vier jaren langer in het vat dan zijn broer op de vorige pagina, heeft deze Aberlour verdieping gegeven. Er komt nu ook de geur van zoete rozijnen bovendrijven, omgeven door kruidig/notige aroma's. Soepel en vol, kruiden naast zachte pruimen in een vriendelijke eikenhouten vatting. Aan het eind lang, warm en fruitig/kruidig.

ABERLOUR
18 YEAR OLD

LAND Schotland, Speyside
SOORT Single Malt
ABV 43%
PRIJS €€€€

PROEFNOTITIE

Bruin goud. Een rijke en complexe geur met tonen van butterscotch en toffee, vergezeld door peer en sinaasappel. In de smaak komen ook abrikoos, honing en tonen van leer en eikenhout naar voren. De afdronk is lang met crème brûlée, dan neigend naar zacht eiken.

Aberlour
A'Bunadh

Land	Schotland, Speyside
Soort	Single Malt
ABV	59,6% (varieert per batch)
Prijs	€€€

Proefnotitie

Een kruiden-potpourri met pralines en gekruide sinaasappel harmonieert met rijke tonen van Oloroso sherry in deze op vatsterkte gebottelde Aberlour. Verderop komen zwarte kersen naar boven met tutti frutti en gemberchocolade. Vol en romig in de mond, verrijkt door sherry en eikenhout. Een robuuste en intense finale met bitterzoete tonen van exotische kruiden, donkere chocolade en wederom eik. Wordt in batches gebotteld; elke batch verschilt qua smaak en ABV enigszins van de vorige.

ABERLOUR
CASG ANNAMH

LAND	Schotland, Speyside
SOORT	Single Malt
ABV	48%
PRIJS	€€€

PROEFNOTITIE

De toevoeging achter de merknaam is Keltisch voor 'zeldzaam vat'. Deze versie van Aberlour is in drie verschillende soorten vaten gerijpt – 1 van Europese makelij en 2 van Amerikaanse. Donker goud, geuren van rijk zoet fruit, sinaasappel, geglaceerde kersen, rozijnen en een hint van gember. De smaak voegt er appelkruim met kaneel aan toe, naast rijpe perzik, zoethout en kruidnagel. De afdronk is lang, intens en rijk, fruitig met droge kruiden.

AMRUT

LAND	India
SOORT	Single Malt
ABV	46%
PRIJS	€€

PROEFNOTITIE

In India wordt veel, heel veel whisky gemaakt, voornamelijk voor de interne markt. Een uitzondering is de single malt Amrut, die de gevestigde orde in de whiskywereld op positieve wijze versteld deed staan. Uitgesproken tonen van zoet eikenhout, bitterzoete balans; gebrande honingraat en toffee; melasse en gerstsuiker. Lange afdronk, gelaagd, zijdezacht eindigend met roomtoffee. Lekker bij een curry, en daar zijn de meeste whisky's niet tegen opgewassen.

AMRUT
FUSION

LAND	India
SOORT	Single Malt
ABV	50%
PRIJS	€€

PROEFNOTITIE

Begint met een stevige eiken toon. In een wolk gehulde gerstsuiker. Rokerig, sherry in de achtergrond, vanille custard, dan fruitig met een hint van chocolade fudge. Een kruidige afdronk. Zeer complex. De naam Fusion verwijst naar het feit dat deze single malt gemaakt is van een mix van Schotse en Indiase gerst.

ANCNOC
12 YEAR OLD

LAND Schotland, Highlands
SOORT Single Malt
ABV 40%
PRIJS €€

PROEFNOTITIE

Donkergeel, neigend naar amber. Zeer aromatisch met hints van honing en citroen. Begint sappig/fruitig en eindigt zeer soepel. Licht doch complex, soepel en toch uitdagend. Deze dram heeft iets voor iedereen. Vroeger heette deze dram Knockdhu, naar de distilleerderij waar deze elegante, verfijnde single malt whisky nog steeds wordt gemaakt.

ARDBEG
10 YEAR OLD

LAND Schotland, Islay
SOORT Single Malt
ABV 46%
PRIJS €€

PROEFNOTITIE

Strogeel in het glas. De rook barst er uit zodra je het glas onder je neus houdt. Citrus, menthol en peper, bittere chocolade. In tweede instantie ook gerookte vis, bacon, groene paprika, peer en ananas. De smaak ontploft in je mond, met toevoeging van kaneeltoffee, pekel, romige melk, rijpe banaan en een handjevol bessen. De afdronk lijkt eindeloos, met sterke koffie, anijs, amandel en zoete gerst.

ARDBEG
AN OA

LAND	Schotland, Islay
SOORT	Single Malt
ABV	46.6%
PRIJS	€€€

PROEFNOTITIE

In het hart van de distilleerderij staat een zogenaamd "Gathering Vat" gemaakt van Frans eikenhout. Daarin wordt deze versie geboren. Rijping geschiedt op Pedro Ximenez ex-sherryvaten, ex-bourbon barrels en virgin oak. Het resultaat is een licht gouden dram met aroma's van toffee, anijs, dadels, perzik en banaan. De smaak is stroperig met melkchocolade, sinaasappel en gerookte thee, zoete specerijen, sigarenrook en gegrilde artisjok. Lange rokerige aangename afdronk. De Oa is het meest ruige deel van het eiland Islay.

ARDBEG
CORRYVRECKAN

LAND Schotland, Islay
SOORT Single Malt
ABV 57,1%
PRIJS €€€

PROEFNOTITIE

Een ware draaikolk van geuren en smaken, diep amber van kleur. Zwarte bessen, muscovadosuiker, kersen en dennennaalden, maar ook gerookte bacon, vanille en kruidnagel. Geuren die leiden naar een smaak van gepeperd vlees en knapperig zeewier, stroperige espresso, rijk donker fruit en bittere amandelen. Aan het eind gedroogde steranijs en notenhout wijken voor krijtachtige viooltjes. Krachtige afdronk die langdurig blijft nasmeulen.

ARDBEG
UIGEADAIL

LAND	Schotland, Islay
SOORT	Single Malt
ABV	54,2%
PRIJS	€€€

PROEFNOTITIE

Bronskleurig, neigend naar goud. Het begint met Christmas cake, walnootolie en viooltjes, een frisse zeebries en de geur van dennennaalden. Dan geolied leder, toffee en chocoladerozijnen. De smaak is vol en rijk, met een intrigerend samenspel tussen rook, kruiden en zoet, dat zich ontwikkelt naar winterse kruiden, gerookt met honing geglaceerd voedsel en taaie karamel. Rokerig als een Montecristo sigaar. De afdronk is rijk en aromatisch.

ARDMORE
LEGACY

LAND	Schotland, Eastern Higlands
SOORT	Single Malt
ABV	40%
PRIJS	€€

PROEFNOTITIE

Deze single malt is het hart van de blend Teacher's. Een licht-rokerige, ietwat kruidige en fruitige whisky, met een duidelijke toon van mout. Aarde, kaneel, honing en vanille komen na een tijdje naar voren. Iets later verschijnt ook citrusfruit. De afdronk brengt rook, mout en honing. Eetlustopwekkend en een prima dram om kennis te maken met de rokerige single malts.

ARRAN
10 YEAR OLD

LAND	Schotland, Islands (Arran)
SOORT	Single Malt
ABV	46%
PRIJS	€€

PROEFNOTITIE

Rijpe gouden gerst. Begint met een golf van vanille waarna kiwi, banaan en cantaloupe opdoemen, met een snufje cacaopoeder. Complex en harmonieus. Een vleugje kaneel geeft een kruidig randje, met zoete eik op de achtergrond. Vloeit over de tong als siroop en vervaagt langzaam.

ARRAN
14 YEAR OLD

LAND	Schotland, Islands (Arran)
SOORT	Single Malt
ABV	46%
PRIJS	€€

PROEFNOTITIE

Een koperen zonsondergang. Gedroogd fruit, vanille en toffee op de voorgrond. Met water een tikje ziltig, dan gekaramelliseerd fruit. Daarna toffee-appel met hazelnoten, dadels, sinaasappel in chocolade en gekruide theecake. Rijk en vol. Kaneel in de afdronk, een zucht van de zee ademt over zoet fruit.

AUCHENTOSHAN
THREE WOOD

LAND	Schotland, Lowlands
SOORT	Single Malt
ABV	43%
PRIJS	€€

PROEFNOTITIE

Rijk goudbrons. Zwarte bessen, bruine suiker, sinaasappel, pruim en rozijn. Fruitig en stroperig; hazelnoot met hints van kaneel en citroen. Zoete butterscotch draagt bij aan de complexiteit. Eindigt fris en fruitig met een langdurige toon van zoet eikenhout. Samengesteld uit whisky's gerijpt in ex-bourbon barrels, ex-Oloroso en ex-Pedro Ximenez sherryvaten.

AULTMORE
12 YEAR OLD

LAND Schotland, Speyside
SOORT Single Malt
ABV 46%
PRIJS €€

PROEFNOTITIE

Delicate aroma's van rijp, zacht fruit en kamperfoeliebloesem, in evenwicht gehouden met frisse kruidentonen. De smaak is in balans met vanille en biskwie. De afdronk is lang en droog. The Foggie Moss is de omgeving waarin de distilleerderij staat. Het is hier inderdaad nog wel eens mistig.

BAIN'S

LAND	Zuid-Afrika
SOORT	Single Grain
ABV	40%
PRIJS	€

PROEFNOTITIE

Een heerlijke Zuid-Afrikaanse single grain whisky afkomstig van de Cape Mountains. De kleur is warm amber/goud. De geur doet denken aan toffee, bloemen en vanille, terwijl de smaak ook zoete ondertonen van eikenhout, cacaoboter en lichte kruiden geeft. De afdronk is warm en bijzonder soepel.

BAKER'S

LAND Verenigde Staten, Kentucky
SOORT Kentucky Straight Bourbon
ABV 53,5%
PRIJS €€€

PROEFNOTITIE

Donker amber. Geuren van fruit, vanille en karamel. De smaak geeft fruit en vanille met geroosterde nootjes. De body is soepel en zijdeachtig. Een middellange zoetige afdronk. Deze bourbon is vernoemd naar Baker Beam, de achterneef van Jim Beam. Hij maakt deel uit van de serie small batch bourbons van Beam Suntory. De andere drie zijn Bookers, Basil Hayden en Knob Creek.

BALBLAIR
2005

LAND	Schotland, Northern Highlands
SOORT	Single Malt
ABV	46%
PRIJS	€€

PROEFNOTITIE

Licht sprankelend goud. Klassieke aroma's van verse groene appel, gemalen kruiden en honing. Gerijpt in ex-bourbonvaten levert dat tonen van eiken vanille op met leder en sinaasappel; een hint van snijbloemen en een zuchtje rook. Fruitig, toffee, met een prachtige lange en kruidige afdronk. De distilleerderij behoort tot het handjevol dat in de 18de eeuw is gebouwd en nog steeds produceert.

BALLANTINE'S
FINEST

LAND Schotland
SOORT Blend
ABV 40%
PRIJS €

PROEFNOTITIE

Voor deze licht gouden dram heeft Hans een zwak. Het was de eerste whisky die hij ooit heeft geproefd, op 18-jarige leeftijd. Alleen daarom al heeft Ballantine's Finest voor hem een enorme emotionele waarde. De smaak en geur worden gekenmerkt door tonen van heidehoning, licht gekruid, in gezelschap van melkchocolade, rode appel en vanille. Complexer dan je in eerste instantie verwacht. Een scherp randje, maar niet hinderlijk.

BALLANTINE'S
HARD FIRED

LAND	Schotland
SOORT	Blend
ABV	40%
PRIJS	€

PROEFNOTITIE

Peer en zwarte bes, vanille, butterscotch toffee en een stevige vlaag rook van een kampvuur. De smaak doet denken aan zoete honing, zachte rode appel, met een hint van zoethout en rook. De afdronk is lang, zoet als vanille en aan de pittige kant. De naam verwijst naar het feit dat de blend nog even heeft vertoefd in vaten die aan de binnenkant zwaar geblakerd waren.

BALLANTINE'S
12 YEAR OLD

LAND Schotland
SOORT Blend
ABV 40%
PRIJS €

PROEFNOTITIE

Complex, rond en roming. Helder goud. Honingzoete geur met uitgesproken eiken en vanille tonen. De smaak is prachtig in balans met bloemen, honing en eiken. De afdronk is verfrissend met een snufje zout. Een fraaie, enigszins ondergewaarde whisky. Huisblend van Felix Wilbrink, culinair journalist van *De Telegraaf*. 'Het perfecte aperitief van 2 september tot 16 november en van 12 februari tot 1 mei', aldus Felix.

BALLANTINE'S
17 YEAR OLD

LAND	Schotland
SOORT	Blend
ABV	43%
PRIJS	€€€

PROEFNOTITIE

Honing en vanille worden door eikenhout in balans gehouden. Voller en evenwichtiger dan Ballantine's Finest, met meer karakter, maar da's logisch wanneer je een stuk ouder bent. De 17-jarige versie werd voor het eerst gebotteld in 1937 door de toenmalige master blender James Barclay, die een voorkeur voor 17-jarige whisky's had. Het was destijds een van de eerste luxe blends ter wereld.

BALLANTINE'S
21 YEAR OLD

LAND	Schotland
SOORT	Blend
ABV	40%
PRIJS	€€€€€

PROEFNOTITIE

Sprankelend rood goud. Een honingzoete geur met appels en bloemen. Een stevige en volle smaak met sporen van heide, rook, zoethout. Kruidig. Een lange en verleidelijke afdronk met tonen van droge sherry. In 1821 stuurde Archibald Ballantine, een boer uit het stadje Peebles in de Schotse borders, zijn zoon George naar Edinburgh om stage te lopen bij een kruidenier. Zes jaar later had George al een eigen zaak, amper 19 jaar oud.

BALLANTINE'S
30 YEAR OLD

LAND	Schotland
SOORT	Blend
ABV	43%
PRIJS	€€€€€€

PROEFNOTITIE

Diep goud. Aroma's van zacht fruit en uitgesproken vanille met eikenhout. De smaak zet zich langs dezelfde weg voort. De finale is langdurig en elegant. George Ballantine's eerste eigen zaak was in een achter buurt van Edinburgh gevestigd, Cowgate genaamd. Vandaaruit startte hij een imperium, dat zijn blended whisky uiteindelijk wereldberoemd zou maken.

BALLANTINE'S
40 YEAR OLD

LAND Schotland
SOORT Blend
ABV 43%
PRIJS €€€€€€

PROEFNOTITIE

Diep goud. Een explosie van geuren en smaken. Diep en gelaagd, met karameltoffee en zoete rode appel. Complex en fruitig, soepel en evenwichtig. Aan de afdronk lijkt geen eind te komen. Kleinzonen Archibald en George waren verantwoordelijk voor de internationale groei die mede in de hand werd gewerkt doordat zij aan het eind van de 19de eeuw van koningin Victoria een koninklijke onderscheiding mochten ontvangen.

THE BALVENIE
12 YEAR OLD DOUBLEWOOD

LAND	Schotland, Speyside
SOORT	Single Malt
ABV	40%
PRIJS	€€

PROEFNOTITIE

Een dram met een dubbele rijping. De eerste fase bracht deze whisky door in een ex-bourbon vat, waarna de vloeistof werd overgepompt in een ex-sherryvat. Het leverde een single malt op met zoet fruit en tonen van Oloroso sherry, doorregen met honing en vanille. De notige zoetheid en kruidige kaneel combineren goed en houden elkaar vast tot het eind, in een innige omhelzing.

THE BALVENIE
12 YEAR OLD
SINGLE BARREL FIRST FILL

LAND Schotland, Speyside
SOORT Single Malt
ABV 47,8%
PRIJS €€€

PROEFNOTITIE

De geur van honing, overladen met zoet fruit en subtiele kruiden leidt naar een rijke en complexe smaak met een diep karakter van eikenhout en romige vanille. De afdronk is lang en zoet. Een versie die is gebotteld uit 1 enkele ex-bourbon barrel die voor het eerst gebruikt is in Schotland.

THE BALVENIE
14 YEAR OLD
CARIBBEAN CASK

LAND	Schotland, Speyside
SOORT	Single Malt
ABV	43%
PRIJS	€€€

PROEFNOTITIE

Deze Balvenie heeft nog twee extra jaren doorgebracht in een vat waarin voorheen rum uit de Caribbean had gezeten. De smaken en geuren van de 12-jarige krijgen nu gezelschap van toffeetonen en een hint van tropisch fruit dat zich langzaam ontwikkelt in de zachte en lang aanhoudende afdronk.

THE BALVENIE
14 YEAR OLD
PEAT WEEK 2003 VINTAGE

LAND Schotland, Speyside
SOORT Single Malt
ABV 48,3%
PRIJS €€€

PROEFNOTITIE

Slechts één week per jaar stookt Balvenie geturfde whisky en dat levert vriendelijke rokerige geuren op naast bloemen en delicate butterscotch honing. De smaak ontwikkelt zich fluweelzacht en rond waarbij de turfrook in evenwicht wordt gehouden door citrusfruit, eiken vanille en bloesemhoning. De afdronk geeft zachte rook en een romige zoete vanilletoon die aangenaam blijft rondhangen.

THE BALVENIE
15 YEAR OLD
SINGLE BARREL SHERRY CASK

LAND	Schotland, Speyside
SOORT	Single Malt
ABV	47,8%
PRIJS	€€€€

PROEFNOTITIE

Aroma's van gedroogd fruit, overdekt met een laagje zacht geurende noten. De smaak is rijk met elegante eiken tonen en subtiele kruiden. In de afdronk die lang aanhoudt komen nadrukkelijk sherrytonen naar boven. Gerijpt in een vat waar voorheen sherry in heeft gezeten.

THE BALVENIE
17 YEAR OLD
DOUBLEWOOD

LAND	Schotland, Speyside
SOORT	Single Malt
ABV	43%
PRIJS	€€€€€

PROEFNOTITIE

David Stewart is verantwoordelijk voor de keuze van te bottelen vaten en werkt al meer dan 50 jaar bij dit bedrijf. Deze 17-jarige DoubleWood voegt meer diepte toe in vergelijking met de 12-jarige. Complex en elegant, meer eik, vanille, honing en een vleugje groene appel. Gedroogd fruit, geroosterde amandel en kaneel, omhuld door romige toffeetonen. In de afdronk keren vanille, eik, honing en kruidige zoetheid terug.

THE BALVENIE
21 YEAR OLD
PORTWOOD

LAND	Schotland, Speyside
SOORT	Single Malt
ABV	40%
PRIJS	€€€€€

PROEFNOTITIE

De geur is als een parfum gemaakt van fruitige rijpe rozijnen, ondersteund door een droge notigheid. De smaak is verfijnd en heeft opvallend veel karakter, romig, zijdezacht met fruit, honing en kruidentonen, met een lange, vriendelijke nootachtige afdronk. Deze dram heeft een narijping gehad in vaten waar voorheen port in zat.

The Balvenie
25 Year Old
Single Barrel
Traditional Oak

LAND Schotland, Speyside
SOORT Single Malt
ABV 47,8%
PRIJS €€€€€€

Proefnotitie

Een mooie volle dram op leeftijd met prachtige overtonen van eikenhout en kruiden. De kruiden krijgen gezelschap van honing en zijdezachte vanille op eikenhout, terwijl de afdronk rijk is met meer honing en kruiden. Een prachtige symfonie van geuren en smaken, gecomponeerd door David Stewart MBE.

Basil Hayden's

Land Verenigde Staten, Kentucky
Soort Kentucky Straight Bourbon
ABV 40%
Prijs €€

Proefnotitie

Amber goud. Een kruidig aroma met hints van thee en pepermunt. De smaak is ook kruidig, zelfs peperig, met een beetje honing. De body is licht maar bijt wel een beetje. De afdronk is droog en kruidig, kort. Vernoemd naar een master distiller uit 1796, afkomstig uit Maryland. Uit de 4-delige serie small batch bourbons van Beam Suntory. De andere drie zijn Baker's, Booker's en Knob Creek.

Ben Nevis
10 Year Old

Land Schotland, Western Highlands
Soort Single Malt
ABV 46%
Prijs €€

Proefnotitie

Gestookt aan de voet van de gelijknamige berg, bekend bij menig bergbeklimmer. Ben Nevis behoort tot de Munro's, bergtoppen boven de 914,4 meter. Wie ze allemaal wil beklimmen kan zijn lol op, want er zijn er meer dan 280. Ben Nevis whisky is bij zo'n pittige wandeling een uitstekende reisgenoot in de heupflacon. Fris en tamelijk droog. Bladerige tonen tegen een fruitige achtergrond en een suggestie van bittere marmelade en noten. Eindigt met toffee en karamel, mokka en bittere chocolade. Opwekkend.

The BenRiach
10 Year Old

Land Schotland, Speyside
Soort Single Malt
ABV 43%
Prijs €€

Proefnotitie

Zomergoud. Fris en levendig van karakter. Groen boomgaardfruit met stemgember en hints van mandarijn leiden naar romige vanille met een delicate munttoon en een vriendelijke citrustwist; zoete gerstemout in de achtergrond. Gedroogde abrikoos, hints van perzik en zachte banaan. Een snufje anijszaad en citroenschil contrasteren fraai. Lange, kraakheldere afdronk.

THE BENRIACH
10 YEAR OLD
CURIOSITAS

LAND Schotland, Speyside
SOORT Single Malt
ABV 46%
PRIJS €€

PROEFNOTITIE

Rijk amber qua kleur. De geur is aromatisch, fruitig, met turfrook en honing. In de smaak kom je een hele fruitsalade tegen, vergezeld van vanille, met weer die rook, bijna explosief. En dat is atypisch voor een Speysider, want whisky's uit die regio worden doorgaans zonder turfrook vervaardigd. Vandaar de 'curieuze' toevoeging aan de merknaam. De afdronk is soepel met een handje vol noten en eikenhout.

THE BENRIACH
BIRNIE MOSS

LAND	Schotland, Speyside
SOORT	Single Malt
ABV	48%
PRIJS	€€

PROEFNOTITIE

Een gouden dram met rokerige, vanille- en eikenhouten geuren die elkaar mooi in evenwicht houden. Fruitig, intens rokerig en romig van smaak. Birnie Moss is het wilde en winderige veengebied in de directe omgeving van de distilleerderij. De afdronk is stevig en blijft je wel even bij, terwijl deze rijke, rokerige en zoete dram toch in balans blijft.

THE BENRIACH
HEART OF SPEYSIDE

LAND Schotland, Speyside
SOORT Single Malt
ABV 40%
PRIJS €€

PROEFNOTITIE

Amber goud. Frisse aroma's van heide, honing en verse noten. De smaak is fruitig, kruidig, met honing en eikenhout als bovenliggende tonen. Een vriendelijke middellange afdronk. Een prachtige introductie tot de bloemige en fruitige malt whisky's waarom deze regio al eeuwen bekend staat. Deze dram mag met recht een klassieke Speysider genoemd worden.

Benromach
10 Year Old

Land	Schotland, Speyside
Soort	Single Malt
ABV	43%
Prijs	€€

Proefnotitie

De distilleerderij in Forres is sinds 1993 eigendom van onafhankelijk bottelaar Gordon & MacPhail. Deze whisky rijpte in diverse Amerikaans en Europees eiken vaten, wat aroma's van notenchocolade, groene appel, zachte kruiden en biskwietjes oproept, omgeven door een wolkje van lichte turfrook. De smaak ontwikkelt zich verder richting framboos en braam in sherry. Romig en licht rokerig, zoete sherry aan het eind.

Big Peat

Land Schotland
Soort Blended Malt
ABV 46%
Prijs €€

Proefnotitie

Deze rokerige blended malt, waarin alleen malt whisky's van het eiland Islay zijn verwerkt, heeft een mooie zoete toon die langzaam onder de turfrook vandaan kruipt. Aarden tonen vermengd met gemoute gerst. In de afdronk doemt een rokende schoorsteen op, een kampvuur op het strand en geteerde scheepstouwen. Naar verluidt is Big Peat een deel Ardbeg, een deel Bowmore, een deel Cao Ila en een heel klein scheutje van de legendarische Port Ellen single malt.

Black Bottle

LAND	Schotland
SOORT	Blend
ABV	40%
PRIJS	€

Proefnotitie

Licht goud. Fris, bloemen en pas gezaagd eikenhout. Kruidig met een vleugje rook. Zijdezacht, soepel en fruitig met evenwichtige turfrook; daarna zoete eik en heidehoning. Eindigt zacht, elegant-kruidig met nootmuskaat, peper en een vriendelijke rokerigheid die lang blijft hangen. Naar verluidt zitten alle Islay single malt whisky's in deze aangename blend, aangevuld met een flinke scheut grain whisky.

BOOKER'S

LAND Verenigde Staten, Kentucky
SOORT Kentucky Straight Bourbon
ABV 63,85% (varieert per batch)
PRIJS €€€

PROEFNOTITIE

Gebotteld op vatsterkte, of 'barrel strength' zoals de Amerikanen zeggen, is dit een kruidige bourbon in batches gestookt. Vernoemd naar de legendarische master distiller en bourbon ambassadeur Booker Noe, die op het terrein van Jim Beam samen met zijn hondje is vereeuwigd met een bronzen standbeeld. Onderdeel van Beam Suntory's small batch bourbons. De andere drie zijn Baker's, Basil Hayden en Knob Creek.

BORDERS
WHILE WE WAIT

LAND	Schotland
SOORT	Single Grain
ABV	51,7%
PRIJS	€€€

PROEFNOTITIE

De Borders Single Grain is een samenstelling van 50% tarwe en 50% gemoute gerst van een enkele (en niet nader te noemen) distilleerderij gefinished in Oloroso vaten. Deze finish zal ook de toekomstige Borders bottelingen typeren. Gebotteld op vatsterkte, non chill filtered en zonder toevoeging van kleurstoffen. Sherry met gesuikerde nootjes, droog, walnoot, vanille, kruiden, bloemen. Rijk en complex.

BOWMORE
12 YEAR OLD

LAND Schotland, Islay
SOORT Single Malt
ABV 40%
PRIJS €€

PROEFNOTITIE

Gloedvol amber. Subtiele citroen en honing balanceren op de vriendeljike turfrook die Bowmore zo kenmerkt. Zoet, met smakelijke heidehoning en vriendelijk rokerig. De afdronk is lang en soepel. Een fijne malt om mee te beginnen wanneer je de rokerige Islay whisky's wilt uitproberen.

BOWMORE
NO.1

LAND	Schotland, Islay
SOORT	Single Malt
ABV	40%
PRIJS	€€

PROEFNOTITIE

Goud van kleur. Ruikt naar vanille, kaneel en rook. De smaak geeft citrus (limoen) en honing, met een stukje kokosnoot. Het geheel zet zich aangenaamd door in de middellange afdronk. No.1 verwijst naar het The Vaults, het oudste pakhuis in de whiskyindustrie, waarin deze whisky heeft gerijpt, uitsluitend in first fill ex-bourbon barrels.

No.1 VAULTS

BRUICHLADDICH
THE CLASSIC LADDIE SCOTTISH BARLEY

LAND	Schotland, Islay
SOORT	Single Malt
ABV	50%
PRIJS	€€

PROEFNOTITIE

Een vroege zomerzon in het glas. Prachtig boeket aan geuren met gerstsuiker, mint en verse snijbloemen. Denk aan boterbloem, madelief, sleutelbloem en kersenbloesem. De smaak is verfijnd en verfrissend met rijp groen fruit, bruine suiker en zoete mout. Geef hem na vijf minuten wat water en er komt gekarameliseerd fruit naar boven met citroendrups, honing en mandarijn.

Bruichladdich
Islay Barley
2009

Land Schotland, Islay

Soort Single Malt

ABV 50%

Prijs €€€

Proefnotitie

Goud als hooi. Klassieke Islay aroma's. Plantaardige tonen van bloeiende heide, jeneverbes, haagdoorn en wilde tijm, gevolgd door zacht rijp fruit, meloen, peer, ananas, besprenkeld met kaneel. De gerst komt voor 100% van het eiland Islay. De smaken bevestigen de geur en zijn nu omhuld met eikenhout. Alles in balans. De afdronk is 'totally Islay'.

BUFFALO TRACE

LAND	Verenigde Staten, Kentucky
SOORT	Kentucky Straight Bourbon
ABV	40%
PRIJS	€

PROEFNOTITIE

Diep amber van kleur. Zeer aromatisch met een kruidige start, gevolgd door zachte vanille met een twijgje munt en een scheutje melassestroop. Wasachtig qua body, en een smaak die zich ontwikkelt van zoet naar vol eikenhout. De afdronk is droog en een tikje bitter, met zoethout dat blijft hangen in deze complexe bourbon. De distilleerderij staat in Frankfort, Kentucky op een plek waar vroeger veel bizons de Kentucky River overstaken.

Bulleit
Bourbon

Land Verenigde Staten, Kentucky
Soort Kentucky Straight Bourbon
ABV 45%
Prijs €

Proefnotitie

Amber. Aangenaam kruidig, zoete eiken tonen. Soepel met maple syrup, eik en nootmuskaat. De afdronk is lang, droog met een satijnen touch en een lichte toffeesmaak. Op het etiket staat trots “Frontier Whiskey”. Het is een oud merk dat aan het begin van de 21ste eeuw door Tom Bulleit opnieuw werd gepresenteerd in een fles met een klassieke vorm.

BULLEIT
RYE

LAND	Verenigde Staten, Kentucky
SOORT	Rye
ABV	45%
PRIJS	€€

PROEFNOTITIE

Rood goud. Rijk in eiken. Bijzonder soepel met hints van vanille, honing en kruiden. Pepermunt. Frisse en schone afdronk. Blijft lang hangen. Uitmuntend in een cocktail. Rye whiskey wordt ook wel de "original American whiskey" genoemd. Aanvankelijk werd whiskey in de VS voornamelijk uit rogge gestookt. Pas later schakelde men over op mais, daar "corn" genaamd, het hoofdbestanddeel van bourbon.

BUNNAHABHAIN
12 YEAR OLD

LAND	Schotland, Islay
SOORT	Single Malt
ABV	46,3%
PRIJS	€€

PROEFNOTITIE

Licht goud. Fris en aromatisch met een zuchtje rook. Begint met licht fruit en noten, leidend naar een moutige zoetheid. De afdronk is prachtig en vol; blijft lang hangen. Wordt gestookt op de meest afgelegen distilleerderij van Islay, bereikbaar via een lang, smal en slingerend weggetje, of per bootje. Bunnahabhain heeft een eigen, kleine pier. Spreek uit: boena-havn. Koosnaampje: Bunna (Boena).

Bunnahabhain
Stiùireadair

Land	Schotland, Islay
Soort	Single Malt
ABV	46,3%
Prijs	€€

Proefnotitie

Een onvervalste tongue-twister van een van de meest afgelegen distilleerderijen van Schotland, op het eiland Islay. Gerijpt in 2nd fill sherryvaten levert dit een dram op met een maritiem ziltig karakter, gedrapeerd over gedroogd fruit, karamel, vanille en noten, licht gekruid. Een whisky in beweging. De bijnaam spreek je uit als stew-rahdur, en dat is Keltisch voor ‘storm in een fles’.

BUNNAHABHAIN
TOITEACH A DHÀ

LAND	Schotland, Islay
SOORT	Single Malt
ABV	46,3%
PRIJS	€€

PROEFNOTITIE

De opvolger van de rokerige versie van Bunnahabhain. De naam betekent dan ook 'Rokerig No. 2' in het Keltisch en je behoort het uit te spreken als: toch-chach a-ghaa, maar dat maakt voor de smaak niet uit. Licht amber qua kleur, turfrook in de geur met hints van sherry en rijk eikenhout. De smaak voegt daar oloroso sherry en een snufje peper aan toe. De afdronk is robuust, voor het getrainde gehemelte.

Bushmills
10 Year Old

Land	Noord-Ierland
Soort	Single Malt
ABV	40%
Prijs	€

Proefnotitie

Een fraai uitgebalanceerde single malt, driemaal gedistilleerd, met een fruitig, honingachtig aroma. 10 jaar rijping in ex-bourbon en ex-Oloroso sherryvaten levert een elegante smaak op met honing, vanille en melkchocolade met een hint van hout. De afdronk is schoon, kraakhelder en vriendelijk droog.

BUSHMILLS
21 YEAR OLD

LAND Noord-Ierland
SOORT Single Malt
ABV 40%
PRIJS €€€€€€

PROEFNOTITIE

Een zeldzame expressie die uitsluitend in kleine hoeveelheden wordt gebotteld. Voor 100% gemaakt van gerst uit Ierland zelf. Een deel rijpt in ex-bourbon barrels en een deel in ex-sherryvaten en dat 19 jaar lang. Daarna worden beide delen met elkaar samengevoegd en volgt een 2-jarige narijping op vaten waar voorheen madera in heeft gezeten. Het resultaat is rijk, zoet en bijzonder complex met geuren van kruiden en sinaasappelschil, een elegante, zijdezachte smaak, een ietwat droog tussenspel waarna de finale tonen van laurierdrop en eikenhout loslaat.

BUSHMILLS

LAND	Noord-Ierland
SOORT	Blend
ABV	40%
PRIJS	€

PROEFNOTITIE

Goud. Licht en fruitig met kruidige tonen. Vanille die zich ontwikkelt tot crème brûlée. Aangenaam verwarmend, bekleedt de mond. Een vleugje honingachtige zoetheid. Aan het eind krokant, fris met een snufje kruidigheid. Gemaakt in de gelijknamige distilleerderij in het graafschap Antrim, waar al sinds 1608 een licentie is afgegeven voor het stoken van whiskey.

BUSHMILLS
BLACK BUSH

LAND	Noord-Ierland
SOORT	Blend
ABV	40%
PRIJS	€

PROEFNOTITIE

Een blend van single malt uit ex-Oloroso sherryvaten en grain whiskey. Groot, vol en rijk. Fruitcake, sherry, gedroogd fruit en rozijnen. Zacht met een zijdeachtige structuur en een notig karakter. Mooi in balans met een zoete, langdurige afdronk.

CAOL ILA
12 YEAR OLD

LAND	Schotland, Islay
SOORT	Single Malt
ABV	43%
PRIJS	€€

PROEFNOTITIE

Vaal strogeel. Ingehouden citrustonen met een scheutje badolie en mondwater. Fris en eetlustopwekkend, vrijwel geen rook. Met water amandelolie en ouderwetse oliepakken; blijft fris-fruitig, lychees, een scheutje olijfolie en daarna potpourri en geurzeep. Zoet rokerig en een tikje zuur in de afdronk. Complex evenwicht van primaire smaken.

CAOL ILA
THE DISTILLERS EDITION

LAND Schotland, Islay
SOORT Single Malt
ABV 43%
PRIJS €€€

PROEFNOTITIE

Met een extra narijping in Moscatel vaten is dit een helder gouden dram geworden die ruikt naar gezoete sinaasappelschil, noten en rijk fruit, met een licht medicinale toon. De smaak is aan de zoete kant, met turfrook en kaneel. Een mooie gebalanceerde single malt met een lange en ronde afdronk. Prachtig uitzicht vanuit het ketelhuis op naburig eiland Jura.

CARDHU
12 YEAR OLD

LAND Schotland, Speyside
SOORT Single Malt
ABV 40%
PRIJS €€

PROEFNOTITIE

Deze aangename single malt kwam eind 2017 als winnaar uit de bus bij een blind tasting in het TV programma Kassa! Vol goud. Prikkelend, pear drups met heide, hars en zoet als noten met honing. Intrigerend. Met water minder nadrukkelijk, maar nu verschijnen mouttonen, kruidig hout, veen en een zweem van houtrook. Soepel, in balans. Zoet en fris. Korte, licht droge afdronk met een zweempje rook.

Cardhu
Amber Rock

Land Schotland, Speyside
Soort Single Malt
ABV 40%
Prijs €€

Proefnotitie

Helder amber. Levendig, verse peer en lychee in de geur met toffee, honing en gerstsuiker. Vanille, peren-op-sap, gekruid met kruidnagel, dan witte chocolade en amandel. Smaakt een beetje naar een fruitsalade. Vrij lange afdronk, zoet-kruidig, met eiken tonen en een vleugje citrus. De distilleerderij van Cardhu is het spirituele thuis van Johnnie Walker.

Cask Islay

LAND	Schotland, Islay
SOORT	Single Malt
ABV	46%
PRIJS	€€

Proefnotitie

Een single malt van het eiland Islay, op de markt gebracht door onafhankelijk bottelaar A.D. Rattray. Die vertelt overigens niet van welke distilleerderij deze dram afkomstig is. Rokerig, als verwacht mag worden. Na de turfrook volgen geuren van citrusfruit. De smaak brengt gebrande toffee, sappige gerst en rijke turfrook, opnieuw. Een mysterie qua oorsprong, doch volgepakt met smaken.

CHIVAS REGAL
12 YEAR OLD

LAND	Schotland
SOORT	Blend
ABV	40%
PRIJS	€€

PROEFNOTITIE

Deze 12-jarige blend heeft een warme amberen uitstraling, een aromatische infusie van wilde kruiden, heide, honing en boomgaardfruit. Rijk en fruitig als rijpe appels met honing en tonen van vanille, hazelnoot en butterscotch. Een gulle en langdurige finale.

CHIVAS REGAL
18 YEAR OLD

LAND	Schotland
SOORT	Blend
ABV	40%
PRIJS	€€€

PROEFNOTITIE

Donkerder van kleur dan zijn jongere broer met een veelgelaagdheid aan geuren en smaken. Gedroogd fruit, botertoffee en bittere chocolade vragen om aandacht. Fluweelzacht met elegante bloementonen en een zuchtje zoete, zachte rook. Aan de afdronk lijkt geen eind te komen.

CHIVAS REGAL
25 YEAR OLD

LAND Schotland
SOORT Blend
ABV 40%
PRIJS €€€€€€

PROEFNOTITIE

Vijfentwintig jaar rusten in eikenhout levert een prachtige rijke gouden kleur op. Verleidelijke fruitige aroma's van zoete sinaasappel en perzik strijden om voorrang met tonen van marsepein en noten. Hints van volle melkchocolade en romig als fondant. Het eindspel is soepel, rond en blijft aanhouden. Een luxe dram van de eerste orde.

Chivas Regal
Extra

Land	Schotland
Soort	Blend
ABV	40%
Prijs	€€

Proefnotitie

Een warm amberen gloed. Geuren van zoet fruit, rijpe peer, meloen, maar ook romige toffee, melkchocolade, kaneel en een snufje gember. De smaak is zoet als rijpe peren-op-siroop, vanille/karamel, met kaneelkussentjes en amandelen in de achtergrond. Een prachtige ronde afdronk. Deze nieuwe loot aan de Chivas-stam is samengesteld uit een aantal zeer zeldzame whiskies en gecombineerd met malts gerijpt in Oloroso-sherryvaten uit Spanje.

CHIVAS REGAL
MIZUNARA

LAND	Schotland
SOORT	Blend
ABV	40%
PRIJS	€€€

PROEFNOTITIE

Mizunara is een inheemse Japanse eikensoort. Extra rijping in dit type hout voegt een bijzonder aromatische dimensie aan de geur en smaak toe. Met een warm amberen kleur geurt deze dram naar vol fruit, peer en sinaasappel. In de smaak komen honing en hazelnoot naar voren, terwijl de afdronk die kenmerkende kruidigheid van Mizunarahout vertoont.

Chivas Regal
Ultis

Land Schotland
Soort Blended Malt
ABV 40%
Prijs €€€€€

Proefnotitie

Aroma's van rijpe perzik en rode appel, met kaneel, fudge en honing geïnfuseerd. In de smaak komen vanille, clementines en abrikozen naar voren, gevolgd door zachte karamel, kruidnagel en gember. In de lange afdronk komt een hint van heide opzetten. Samengesteld uit vijf verschillende single malts, die vijf generaties master blenders symboliseren.

CHIVAS REGAL
XV

LAND Schotland
SOORT Blend
ABV 40%
PRIJS €€€

PROEFNOTITIE

Een vijftienjarige blend die deels voor een tijdje extra is gerijpt in ex-cognacvaten. Het aroma is rijk en zoet met gestoofde rode appel, zelfgemaakte marmelade, honing, kaneel en sappige sultana's. De smaak is fluweelzacht en fruitig, met gepocheerde peer, butterscotch en karameltoffee. In de afdronk verschijnt een snufje vanille.

CLAN MACGREGOR

LAND Schotland
SOORT Blend
ABV 40%
PRIJS €

PROEFNOTITIE

Een jonge blended Scotch met aroma's van mout, gemaaid gras en bloemen. De smaak is vrij zoet en moutig, bijna granig met turfrook en een zilte toon. Een eenvoudige maar evenwichtige whisky. Het beroemdste lid van de MacGregor Clan was ongetwijfeld Rob Roy - door velen beschouwd als de Robin Hood van Schotland, door sommigen als een ordinaire veedief.

Clynelish
14 Year Old

Land	Schotland, Northern Highlands
Soort	Single Malt
ABV	46%
Prijs	€€

Proefnotitie

Strogeel. Prachtige balans tussen zilt en fruitig. Heide, citroen en honing. Een wasachtige body met een snufje kaneel. Een van Hans' persoonlijke favorieten; we hebben ook eens een Clynelish in onze serie Zwolse whisky's laten bottelen. Naast de distilleerderij staat een oudere distilleerderij die naar de naam Brora luistert. Die werd in 1983 gesloten maar gaat volgens planning in 2019 weer open.

Connemara

LAND	Ierland
SOORT	Single Malt
ABV	40%
PRIJS	€€

Proefnotitie

Licht goud. Rijk en rokerig, fruitig met vanilletonen. Soepel en vriendelijk in de afdronk. Blijft een tijdje hangen en ebt dan rustig weg. De rook is niet zo intens als bij diverse Islay single malts. Een van de zeer weinige, zo niet enige rokerige Ierse whiskey's, vernoemd naar een wonderschoon schiereiland aan de westkant van de Ierse Republiek.

COTSWOLDS

LAND Engeland
SOORT Single Malt
ABV 46%
PRIJS €€

PROEFNOTITIE

In september 2014 opende de Cotswolds Distillery haar deuren. Ruim drie jaar nadat de eerste spirit uit de pot stills vloeide, is het tijd om haar whisky te presenteren. Rijping op zowel bourbon- als wijnvaten levert een whisky op die ruikt naar honing en fudge, met perzik en abrikoos, evenals marsepein. De body is olieachtig en de smaak geeft gerst en bruine suiker, met daarnaast sinaasappel, stroop en karamel.

CRAGGANMORE
12 YEAR OLD

LAND Schotland, Speyside
SOORT Single Malt
ABV 40%
PRIJS €€

PROEFNOTITIE

Donker strogeel. Een aromatisch veldboeket, kruiden langs de rivier, een beetje honing en vanille. Sterke mouttoon met hints van zoete houtrook en sandelhout. Lange moutige afdronk, lichte rook en zoetige hints. Complex. De distilleerderij van Cragganmore was de eerste die profiteerde van de komst van de spoorwegen in de Highlands. Er werd zelfs een speciaal perron aangelegd om goederen aan en whisky af te voeren.

CRAGGANMORE
THE DISTILLERS EDITION

LAND	Schotland, Speyside
SOORT	Single Malt
ABV	40%
PRIJS	€€€

PROEFNOTITIE

Warm goud van kleur met een zoete geur (als die van gummibeertjes) en moutig. Fruitig met een zuchtje rook. De smaak is stevig, het zoete aspect zet door in fruitigheid met rook op de achtergrond. De afdronk is middellang met banaan, vanille en cacao. Droogt stevig op. Een intrigerende whisky die een extra rijping op ex-portvaten heeft gehad.

CRAIGELLACHIE
13 YEAR OLD

LAND	Schotland, Speyside
SOORT	Single Malt
ABV	46%
PRIJS	€€€

PROEFNOTITIE

Ruikt naar een kampvuur bij nacht. Geroosterde marshmallows en gebakken appel, doorstoken met kruidnagel. De smaak is vol, moutig-zoet met een zweem van cordiet, als afgestoken vuurwerk op de achtergrond. Een licht rokerige afdronk. Heeft ook een 17-, 19- en 23 jarige broer. Voor de wiskundigen: allemaal priemgetallen!

THE DALMORE
12 YEAR OLD

LAND Schotland, Northern Highlands
SOORT Single Malt
ABV 40%
PRIJS €€

PROEFNOTITIE

The Dalmore wordt samengesteld door de flamboyante master blender Richard Paterson, die er niet voor schuwt om – letterlijk – vuurwerk te gebruiken bij zijn whiskyproeverijen. Vol goud. Sinaasappel, marmelade en kruiden. Elegante smaak met tonen van citrus, sherry en vanille. De afdronk is lang en complex. Gerijpt in ex-bourbonvaten en deels in Matusalem Oloroso sherryvaten.

THE DALMORE
15 YEAR OLD

LAND	Schotland, Northern Highlands
SOORT	Single Malt
ABV	40%
PRIJS	€€€

PROEFNOTITIE

Donker goud. Citrus, kruiden, noten en gedroogd fruit, in balans gehouden door sherry-invloeden van het vat. Sinaasappel marmelade, kaneel en nootmuskaat. Kruidnagel. Dan mandarijn, vanille, gember en appel. Een eikenhouten afdronk. Gerijpt in ex-bourbonvaten en drie verschillende ex-sherryvaten (Amoroso, Apostoles en Matusalem). De locatie van de distilleerderij is adembenemend, aan de Cromarty Firth.

THE DALMORE
18 YEAR OLD

LAND Schotland, Northern Highlands
SOORT Single Malt
ABV 43%
PRIJS €€€€

PROEFNOTITIE

Donker goud. Vanille, pure chocolade, sinaasappel en kaneel, gevolgd door gesuikerd citrusfruit, koffie, nootmuskaat en kruidnagel. Lange afdronk met citrusfruit, eikenhout, kruidig. Gerijpt in ex-bourbonvaten en ex-Matusalem Oloroso sherryvaten. The Dalmore wordt gestookt in ketels met een zogenaamde "cooling jacket"; een unicum in de Schotse whisky-industrie.

THE DALMORE
CIGAR MALT

LAND	Schotland, Northern Highlands
SOORT	Single Malt
ABV	44%
PRIJS	€€€€

PROEFNOTITIE

Donker goud. Speciaal ontwikkeld voor de liefhebbers van een goede sigaar. Kaneel, vanille en rode vruchten gaan hand in hand. Daarna tropisch fruit, banaan, toffee en vanille-ijs. In de afdronk komen sinaasappel, bergamot en gemalen kruiden naar voren. Gerijpt in Amerikaans eiken barrels, ex-Oloroso sherry butts en premier cru Cabernet Sauvignon barriques. Houdt zich uitstekend staande in een wolk van sigarenrook.

Dalwhinnie
15 Year Old

Land	Schotland, Speyside
Soort	Single Malt
ABV	43%
Prijs	€€

Proefnotitie

Geelgoud. Groot, fris en droog. Heel aromatisch met duidelijke hints van heide en turfrook. Soepel, heidehoning blijft lang hangen, gevolgd door vanille en citrusfruit met hints van moutbrood. Lange afdronk met een intense zoete start die wijkt voor turfrook en mout. Gemaakt op de hoogstgelegen distilleerderij van Schotland, in de Drumochter pas aan de A9. Dat is de belangrijkste noord-zuid verbinding in Schotland.

DALWHINNIE
THE DISTILLERS EDITION

LAND	Schotland, Speyside
SOORT	Single Malt
ABV	43%
PRIJS	€€€

PROEFNOTITIE

Licht amber. Een frisse dram met aroma's van heidehoning en mout. Een tikje geturfd, mild gekruid ook. Die kruidigheid zet zich voort in de smaak, waarna een fruitige uitbarsting volgt die aan druiven doet denken. In de droge afdronk komen vanille en eikenhout naar voren. Narijping in ex-Oloroso sherryvaten.

Dalwhinnie
Winters Gold

Land Schotland, Speyside
Soort Single Malt
ABV 43%
Prijs €€

Proefnotitie

Jarenlang bracht Dalwhinnie uitsluitend een 15-jarige uit als basis-expressie. Daar is nu een nieuwe, leeftijdsloze versie bijgekomen. De naam verwijst naar het feit dat deze whisky in de koude wintermaanden is gedistilleerd. Honing op eikenhout. Kruidig en een tikje scherp. Peper, nootmuskaat. Probeer hem eens uit de vriezer. Je zult verbaasd staan over de fruitigheid die dan naar boven komt.

DEANSTON
12 YEAR OLD

LAND	Schotland, Central Highlands
SOORT	Single Malt
ABV	46,3%
PRIJS	€€

PROEFNOTITIE

Vers hooi op een zomermiddag, moutig, rijk en romig. Toffee en heidehoning in evenwicht gehouden door zoete eik en gerstsuiker. Dan volgen fruitige hints, meer honing en vanille. De afdronk is kraakhelder, met een vleugje kruidnagel en verdwijnt vriendelijk achter de horizon. De distilleerderij van Deanston wekt met behulp van waterturbines zelf energie op. Zoveel dat het surplus verkocht wordt aan het nationale energienet.

Deanston
Virgin Oak

Land Schotland, Central Highlands
Soort Single Malt
ABV 46,3%
Prijs €€

Proefnotitie

Strogoud. Een uitbarsting van citroengeur en zoete gerstsuiker met smakelijke tonen van appel en nootmuskaat. Gesuikerd fruit en vanilletoffee in balans gehouden door heidehoning. De afdronk is vriendelijk, licht kruidig en eindigt met een knal van honingachtige mout en zoete eik.

The Deveron
12 Year Old

Land Schotland, Eastern Highlands
Soort Single Malt
ABV 40%
Prijs €€

Proefnotitie

Deze aangename en lichte single malt wordt gedistilleerd bij MacDuff in het havenstadje Banff aan de noordoostkust van Schotland. Sinds 1993 eigendom van de Bacardi-familie, maar wees gerust, hij smaakt beslist niet naar rum. Het amber van een zonsondergang. Aroma's van heerlijk verse appel op een soepele moutbasis. Smaakt rijk en romig met toptonen van chocolade en vers geroosterde eik. Lange, droge afdronk met een hint van sherryhout. Een crowd pleaser.

Dewar's
12 Year Old

Land	Schotland
Soort	Blend
ABV	40%
Prijs	€€

Proefnotitie

Een diepe, rijk-amberen kleur. Vol-fruitige geur van rozijnen, sultanas, sinaasappelschil en toffeeappel met boterige fudge; karamel, vanillestokjes en een hint van de Schotse heide. Rijk, soepel en evenwichtig. Op de tong ontrolt zich een rijke, fruitachtige zoetheid, qua lengte en gewicht in balans. Voelt vol en warm aan, met een hint van eikenhout en vers citrusfruit. De afdronk is smakelijk lang.

Eaglesburn

LAND Nederland
SOORT Omschrijving
ABV 47% (20 cl)
PRIJS €€€€

Proefnotitie

De eerstgeborene van de Eaglesburn Distillery in Doesburg rijpte 10 weken op nieuw Hongaars eikenhout en de rest van de rijpingstijd op een first fill ex-Jack Daniel's barrel. De kleur is mooi rood koper. In de geur pik je vanille, een snufje turfrook, kaneel, kruidnagel, nootmuskaat, citrus en groene appel op. De whisky rolt mooi over de tong, is wat olieachtig en de geur zet zich naadloos door in de smaak. Middellange afdronk, complex voor zo'n jonge whisky.

EDRADOUR
10 YEAR OLD

LAND	Edradour, Central Highlands
SOORT	Single Malt
ABV	40%
PRIJS	€€

PROEFNOTITIE

Deze kleine traditionele boerderijdistilleerderij is eigendom van Andrew Symington, die ook als onafhankelijk bottelaar opereert met het merk Signatory. Donker goud, cider-appels, mout, amandelen, vanille en honing-aroma's met een hint van rook en sherry. Een rijke smaak, romig en moutig met duidelijke notige tonen en een uitgesproken kick van sherry. Met water een beetje leder en marsepein.

THE FAMOUS GROUSE
BOURBON CASK

LAND	Schotland
SOORT	Blend
ABV	40%
PRIJS	€

PROEFNOTITIE

De vermaarde vogel slaat zijn vleugels steeds verder uit. Dit is een variant met een vaal gouden kleur. Heel geurig met hints van karamel en een likje honing. De smaak vocht daar vanille-roomijs aan toe, geroosterde kokosnoot en citroenschil. Het feest eindigt met zachte zoete eik.

The Famous Grouse
Finest

Land Schotland
Soort Blend
ABV 40%
Prijs €

Proefnotitie

Favoriete blend van de Schotten. Geen wonder, want er zitten single malts als Highland Park en The Macallan in. Een volgouden vogel, helder en schoon, met aroma's van eikenhout, sherry en een hint van citrusfruit en gember. Fruitig/kruidig met een middellange afdronk. De vogel op het etiket is geen fazant maar een Schotse sneeuwhoen. Zijn bijnaam is Gilbert.

THE FAMOUS GROUSE
RUBY CASK

LAND	Schotland
SOORT	Blend
ABV	40%
PRIJS	€

PROEFNOTITIE

Nog een gevederde vriend uit de beroemde familie. Ditmaal met een donker koperen kleur, een zachte geur van vanille en geroosterd brood, met een hint van kaneel en kruidnagel. Ook de smaak is zacht, doet denken aan een fruitcake, geserveerd op een eikenhouten duig van een whiskyvat. De afdronk is rijk en soepel.

THE FAMOUS GROUSE
SMOKY BLACK

LAND Schotland
SOORT Blend
ABV 40%
PRIJS €

PROEFNOTITIE

Een ware heldere herfstkleur in je glas. Deze smokey broer van The Famous Grouse is aromatisch, rijk, rokerig en toch zacht. De volle smaak geeft gedroogd fruit, anijszaad, kruidnagel en weer rook. Een aangename lange, geurige, zoet-rokerige afdronk.

FINLAGGAN
OLD RESERVE

LAND	Schotland
SOORT	Single Malt
ABV	40%
PRIJS	€

PROEFNOTITIE

Old Reserve is afkomstig van één enkele Islay distilleerderij. Alleen zij die zeer ervaren zijn en herhaaldelijk verschillende Islay malt whisky's hebben geproefd en geroken, herkennen misschien eigenschappen van deze distilleerderij. In de geur ontbijtgranen, fruit, noten en chocolade. De smaak toont een boterachtige entree, rokerigheid en frisheid gecombineerd met chocolade en turf, turf en nog eens turf. Lange en zachte afdronk met nog meer chocolade en turf met een vleugje hout.

FOUR ROSES

LAND Verenigde Staten, Kentucky
SOORT Kentucky Straight Bourbon
ABV 40%
PRIJS €

PROEFNOTITIE

Deze unieke bourbon is samengesteld uit maar liefst tien verschillende distillaten. Het resultaat is een evenwichtige mix van fruit, bloemen, zachte kruiden en een scheutje honing, gevolgd door een soepele zachte landing. Het was Hans' allereerste bourbon en de liefde daarvoor leidde tot een levenslange vriendschap met master distiller emeritus Jim Rutledge, ook bekend als the Professor of Yeast. Hij schreef het voorwoord voor *Bourbon & Blues*.

Four Roses
Single Barrel

LAND Verenigde Staten, Kentucky
SOORT Kentucky Straight Bourbon
ABV 50%
PRIJS €€

Proefnotitie

Gemaakt van een van de tien distillaten die Four Roses Distillery met zijn vijf gistsoorten en twee mash bills kan maken. Door master distiller Brent Elliott geselecteerd uit de tienduizenden vaten rijpende Four Roses bourbon. Kruidiger en krachtiger dan beide andere versies, met tonen van cacao, ahornsiroop en eikenhout. Hints van rijpe pruimen en kersen. Robuust en vol, doch lenig met een soepele, delicate, lange afdronk. De smaak verschilt fractioneel per batch.

Four Roses
Small Batch

Land	Verenigde Staten, Kentucky
Soort	Kentucky Straight Bourbon
ABV	45%
Prijs	€€

Proefnotitie

Vier van de tien distillaten zijn in deze versie van Four Roses geblend. Het levert rijke kruidige en fruitige aroma's op met een hint van zoete eik en karamel. Fris, maar zacht en soepel, met vers fruit, hints van appel en peer, uitmondend in een lange, aangename finale met hier en daar een grassig/ kruidige toon.

Gerston

LAND Schotland
SOORT Blended Malt
ABV 46%
PRIJS €€€

Proefnotitie

Ontdek hoe Lost Distillery glorieus verleden en hedendaagse passie in je whiskyglas brengt. Gerston was een kleinschalige huisdistilleerderij. Stond bekend om haar hoge kwaliteit door gebruik te maken van lokale grondstoffen en kristalhelder water uit de nabij gelegen beek met een hoog zoutgehalte. Je herkent rozijnen met hints van piment. Licht rokerig. Toffee. Ziltig met een maritieme nuance. Lange aanhoudende afdronk met rokerigheid. De blend is samengesteld uit 15 tot 18 jaar oude whisky's.

THE GLENALLACHIE
12 YEAR OLD

LAND Schotland, Speyside
SOORT Single Malt
ABV 46%
PRIJS €€

PROEFNOTITIE

De legendarische whiskymaker Billy Walker is terug. Nadat hij een paar jaar geleden een trio Speyside-distilleerderijen aan het Amerikaanse Brown Forman had verkocht, meldt hij zich weer met de overname van Glenallachie, gekocht van Pernod-Ricard. De kleur is gepolijst brons en de geur ontwikkelt zich naar butterscotch en honing, met rozijnen en mokka op de achtergrond. In de smaak kom je verder nog honing, marsepein en banaan tegen. Een whiskymerk om in de gaten te houden, want Billy staat bekend om bijzondere en smakelijke creaties.

GLENCADAM
10 YEAR OLD

LAND	Schotland, Eastern Highlands
SOORT	Single Malt
ABV	46%
PRIJS	€€

PROEFNOTITIE

Een dram uit het oosten van Schotland met een licht goudgele kleur. Levendige, frisse aroma's van citrusfruit, hout en verse kruiden. De smaak is bloemig en kruidig, evenwichtig met een lichte houttoon. De afdronk is lang, zacht en elegant met een snufje peper. Een fijne whisky om als aperitief te drinken.

GLENDRONACH
8 YEAR OLD
THE HIELAN'

LAND	Schotland, Eastern Highlands
SOORT	Single Malt
ABV	46%
PRIJS	€€

PROEFNOTITIE

Amber met een koperen gloed. Sinaasappelbloesem verwelkomt je golvend over boterige, gouden sultana's, gedroogde rozijntjes en rijpe gele pruimen, besprenkeld met vanillepoeder. Abrikozenjam op gemberbrood; delicate hints van butterscotch, cacao en geroosterde amandelen. Klassiek sherryachtig.

GlenDronach
12 Year Old
Original

Land	Schotland, Eastern Highlands
Soort	Single Malt
ABV	43%
Prijs	€€

Proefnotitie

Een kleur tussen amber en rood goud. Je ruikt gember, vanille en gekruide wijn. De smaak geeft sherry, rozijnen en kruiden, gevat in een zijdezachte body. Zoet en romig met een kruidige, notige afdronk. Deze soepele, volle whisky is gerijpt in een combinatie van Pedro Ximenez en Oloroso ex-sherryvaten. Een prachtig voorbeeld van wat sherryvaten met single malt whisky kunnen doen.

GLENDRONACH
18 YEAR OLD
ALLARDICE

LAND	Schotland, Eastern Highlands
SOORT	Single Malt
ABV	46%
PRIJS	€€€€

PROEFNOTITIE

Deze diep rode, gouden dram is vernoemd naar een van de oprichters van de distilleerderij, James Allardice. Exclusief gerijpt in ex-Oloroso sherryvaten van Spaanse makelij. Het levert een zeer aromatische dram op met geuren van gestoofd fruit, een vleugje kruiden en geroosterd walnotenbrood en een partje sinaasappelchocolade. De afdronk is zeer lang en bijzonder complex.

GLENDRONACH
21 YEAR OLD
PARLIAMENT

LAND	Schotland, Eastern Highlands
SOORT	Single Malt
ABV	48%
PRIJS	€€€€€

PROEFNOTITIE

Een parlement is een kolonie roeken, en die nestelen al meer dan 200 jaar rond de distilleerderij. Deze dram roept beelden op van rijp herfstfruit zoals bramen en rode pruimen, maar ook gesuikerde sinaasappelpartjes op kruidige havermeelkoekjes, geroosterd eikenhout en een snufje kaneel en nootmuskaat. Hoewel een tikje tannisch in de afdronk, blijft het een soepele single malt om te drinken, samengesteld uit whisky's die gerijpt zijn in zowel Oloroso als Pedro Ximenez ex-sherryvaten.

GLENDRONACH
PEATED

LAND Schotland, Eastern Highlands
SOORT Single Malt
ABV 46%
PRIJS €€

PROEFNOTITIE

Een fraai korengeel contrast met de overige Glendronachs in deze almanak, doordat de gemoute gerst boven turfrook is gedroogd en dat levert een rokerige smaak op die zijn broers niet hebben. Bessen en kaneelsuiker hebben het naar hun zin naast een vleugje citrusfruit. Hints van vanilletoffee worden omhuld door delicate turfrook. Tonen van heidehoning eindigen in een snufje witte peper en roepen beelden op van brandende heidevelden in de vallei in de verte.

GLENFARCLAS
10 YEAR OLD

LAND	Schotland, Speyside
SOORT	Single Malt
ABV	40%
PRIJS	€€

PROEFNOTITIE

Strogeel. Sherry-zoete mouttonen, subtiele rook en kruiden. Honing, vanille en perendrups. Licht en delicaat, moutig, rokerig. Hints van gedroogd fruit, vanille, kaneel en kruidnagel. Eindigt lang, soepel en kruidig met een beetje rook die in de verte blijft hangen. De distilleerderij is nog steeds in familiehanden, vrijwel vanaf de oprichting. Dat komt niet veel meer voor in Schotland.

GLENFARCLAS
15 YEAR OLD

LAND	Schotland, Speyside
SOORT	Single Malt
ABV	46%
PRIJS	€€€

PROEFNOTITIE

Rijk ambergoud. Sherry, lichte turfrook en butterscotch aroma's met een hint van gedroogd fruit. Vol, goede balans tussen sherryachtige zoetheid, mouttonen en rook. Langdurige, aangename, onderscheidende afdronk. Favoriet van John Grants echtgenote Ishbel. Ooit adviseerde John de toenmalige premier van Groot-Brittannië, Mrs. Margaret Thatcher, om deze versie in Downing Street 10 te schenken, in plaats van cognac. Dat schijnt ze voortaan gedaan te hebben ...

GLENFARCLAS
105 CASK STRENGTH

LAND	Schotland, Speyside
SOORT	Single Malt
ABV	60%
PRIJS	€€

PROEFNOTITIE

Diep goud. Complexe aroma's van eik, appel, peer en zoete donkere toffee. Droog en assertief, ontwikkelt zich tot een rijke kruidigheid, met hints van eikenhout en fruit in sherry geweekt. Opmerkelijk soepel voor een whisky met zo'n hoog alcoholpercentage. Een verwarmende, licht rokerige, ronde afdronk.

GLENFIDDICH
12 YEAR OLD

LAND Schotland, Speyside
SOORT Single Malt
ABV 40%
PRIJS €€

PROEFNOTITIE

De familie William Grant startte in 1887 deze thans wereldberoemde distilleerderij, zoals op de hals van de fles te lezen is. Goud van kleur. Frisse fruitige aroma's met een hint van peer. Elegant en in balans. De smaak is karakteristiek zoet/fruitig en ontwikkelt zich richting butterscotch, room, mout en subtiele eiken tonen. De afdronk is lang, zacht en soepel. Een icoon van de whiskywereld. Tony, bedankt!

Glenfiddich
15 Year Old
Solera

Land	Schotland, Speyside
Soort	Single Malt
ABV	40%
Prijs	€€

Proefnotitie

Een complexe dram die uit gerijpte whisky van zowel gebruikte Europese en Amerikaans eiken vaten als nieuwe Amerikaanse vaten is samengesteld. Die drie varianten ontmoeten elkaar in een solera vat. Goud met een rode schaduw. Complexe en intrigerende geur met tonen van heidehoning en vanille fudge, samen met rijk donker fruit. Dat leidt naar een smaak van sherry, eiken, marsepein, kaneel en gember, met een volle doch zijdeachtige body. Vol met een aangenaam zoete en rijke afdronk.

Glenfiddich
18 Year Old
Small Batch Reserve

Land Schotland, Speyside
Soort Single Malt
ABV 40%
Prijs €€€€

Proefnotitie

Vol brons van kleur met een opmerkelijk rijk aroma van rijp boomgaardfruit, gestoofde appel en robuuste eik. De smaak geeft luxe gedroogd fruit, candy peel en dadels, overspannen door elegante eiken tonen. De afdronk is warm, gedistingeerd en een beloning na een lange en drukke werkdag. Hij wordt in beperkte hoeveelheden gebotteld, uit vaten die voorheen Oloroso sherry en bourbon bevatten. Elke batch is apart genummerd.

GLENFIDDICH
21 YEAR OLD
RESERVA RUM CASK FINISH

LAND	Schotland, Speyside
SOORT	Single Malt
ABV	40%
PRIJS	€€€€€

PROEFNOTITIE

Donker goud. Intense geuren van vanille. Bloemig, hints van banaan, vijgen, toffee, nieuw leder en eik. De smaak is aanvankelijk zacht en wordt dan plots levendig en droger, peperig, met een vleugje rook, eikenhout, limoen, gember. Kruidig. De afdronk is warm, kruidig en droog. Gefinished in vaten waar Grants eigen Caribische rum in heeft gezeten.

GLENFIDDICH
26 YEAR OLD
EXCELLENCE

LAND	Schotland, Speyside
SOORT	Single Malt
ABV	43%
PRIJS	€€€€€€

PROEFNOTITIE

Vol goud. Delicate aroma's van lentebloemen, viooltjes, zoete erwten en bladergroen. Een levendige smaak die droge tannine in balans houdt naast het zoete van bruine suiker en vanille. Dan bouwt zich langzaam een diepe eiken smaaktoon op, met hints van kruiden en zoethout. De afdronk is diep en complex.

GLENFIDDICH
IPA EXPERIMENT

LAND	Schotland, Speyside
SOORT	Single Malt
ABV	43%
PRIJS	€€€

PROEFNOTITIE

Vol goud met geuren van verse groene appel, Williams' peer en lentebloesem, aangevuld met aromatische hop en verse tuinkruiden. De smaak is levendig met citrustonen, gevolgd door romige vanille en een hint van verse hop en eindigt zoet met een echo van die groene hop. Nagerijpt in vaten waar voorheen IPA in heeft gezeten (een soort bier, India Pale Ale).

Glenfiddich
Project XX

Land Schotland, Speyside
Soort Single Malt
ABV 47%
Prijs €€€

Proefnotitie

Samengesteld uit vaten die door 20 verschillende brand ambassadeurs van Glenfiddich zijn gekozen. Diep goud van kleur, met de klassieke fruitige Glenfiddich aroma's van appelbloesem en stevige peer. Prachtige balans van rijke vanille, eikenhout, suiker en een hint van zoethout. De smaak verdiept zich met suikerspin, geroosterde amandel, kaneel en een tikje tannine. In de lange afdronk speelt zoete eik de hoofdrol.

Glen Garioch
Founder's Reserve

LAND	Schotland, Eastern Highlands
SOORT	Single Malt
ABV	48%
PRIJS	€€

Proefnotitie

Warm amber. Zoete vanille en subtiele kruiden naast geurige groene appel en grapefruit. Boterige room en vanille bereiden de weg voor de schil van de appel en schoon citrusfruit. De afdronk is elegant en subtiel. De distilleerderij is klein en oud. Vanaf het vliegveld Aberdeen in twintig minuten per auto te bereiken en de moeite van een bezichtiging zeker waard. De oude mouterij is nog intact, maar wordt niet meer gebruikt.

GLENGOYNE
12 YEAR OLD

LAND Schotland, Central Highlands
SOORT Single Malt
ABV 43%
PRIJS €€

PROEFNOTITIE

Gerijpt in een mix van first-fill sherryvaten, refill sherryvaten en first-fill bourbon hogsheads, een primeur voor de distilleerderij. Uitgesproken moutige aroma's met veel karamel-zoetheid. Gezoet citroensap en gele appels, honing en hints van hazelnoten en vanille. De body is boterachtig en de smaak geeft toffee en speculaaskruiden, met hints van vanillecake, gevolgd door lichte fruittonen van appel en meloen op een bedje van hooi en een stukje amandelspijs. De afdronk is middellang en zoet.

GLEN GRANT
10 YEAR OLD

LAND Schotland, Speyside
SOORT Single Malt
ABV 40%
PRIJS €€

PROEFNOTITIE

De kleur van rijpe gouden gerst. Ietwat droog met evenwichtige aroma's van rijp boomgaardfruit. Fruitig en romig op de tong. Het fruit zet zich verhevigd door in de aangename afdronk en er verschijnen hints van hazelnoot. Dat notige karakter is in Glen Grant direct te herkennen, als een handtekening. Allereerste single malt van de beroemde bier- en whiskyschrijver Michael Jackson, die in 2007 onverwacht overleed. Zijn toonaangevende *Malt Whisky Companion* leeft nog immer voort.

Glen Grant
The Major's Reserve

Land Schotland, Speyside
Soort Single Malt
ABV 40%
Prijs €

Proefnotitie

Licht goud. Een delicaat bouquet van fruit, met name appel. De fruitigheid zet zich romig voort op de tong en de afdronk is een beetje droog, met een notig karakter. Een aangename, zachte fruitige single malt met een vleugje kruidigheid. Vernoemd naar Major Grant, die verantwoordelijk was voor de aanleg van de parkachtige tuinen achter het distilleercomplex.

GLENKINCHIE
12 YEAR OLD

LAND Schotland, Lowlands
SOORT Single Malt
ABV 43%
PRIJS €€

PROEFNOTITIE

Groengoud. Aromatisch en licht. Delicate vanille, snijbloemen en daaronder een frisse, geroosterd brood-toon. Wordt zoeter en romiger met vers citrusfruit, citroentaart. Fresia's. Grassige afdronk, drogend, een beetje als potpourri. Een van een handjevol Lowland distilleerderijen, onder de rook van de Schotse hoofdstad. Wordt ook wel "The Edinburgh Malt" genoemd. Enkele van de pakhuizen staan op de monumentenlijst.

The Glenlivet
15 Year Old

Land Schotland, Speyside
Soort Single Malt
ABV 40%
Prijs €€€

Proefnotitie

Volgoud van kleur. Een rijke romige toffee doemt op, gehuld in sinaasappelschil, vergezeld van gesuikerde grapefruit. Rond, zoet en ongelooflijk soepel buigen de smaken zich om je tong. Weldra verschijnen fruitige en notige tonen met een vleugje kaneel voor de kruidigheid. Ten afscheid word je een handvol hazelnoten en amandelen aangereikt. Heerlijk nazomeren in de achtertuin.

THE GLENLIVET
18 YEAR OLD

LAND	Schotland, Speyside
SOORT	Single Malt
ABV	43%
PRIJS	€€€€

PROEFNOTITIE

Een donker gouden gloed. Elegantie gaat hier gepaard met rijke zoete fruit-aroma's en toffeetonen. Creëert een evenwicht tussen kruiden en bittere sinaasappel, waarna de whisky met een eikenhouten toon opdroogt en lang blijft hangen. Na een herfstboswandeling lekker thuis aan het eind van de middag, in een luie stoel.

THE GLENLIVET
21 YEAR OLD

LAND	Schotland, Speyside
SOORT	Single Malt
ABV	43%
PRIJS	€€€€€

PROEFNOTITIE

Amber-goud. Zeer aromatisch, verwikkeld in een intrigerend spel tussen hout en fruit. Vol met vriendelijke tonen van vanille, gember en bittere chocolade, uitmondend in een langdurige aanwezigheid van geroosterde hazelnoten en een duidelijke toon van (laurier) drop. Late herfst, november, verwarmt de kilte die buiten al duidelijk waarneembaar is.

THE GLENLIVET
25 YEAR OLD

LAND	Schotland, Speyside
SOORT	Single Malt
ABV	43%
PRIJS	€€€€€€

PROEFNOTITIE

Diep ambergoud. Intens. Heerlijk sappig fruit en kruidige aroma's, ontstaan doordat de whisky een kwart eeuw in eikenhout heeft vertoefd. Duidelijke sherry-invloeden balanceren op een rand van rijke chocolade, toffee, kaneel en gember. Laat een langdurig warm spoor achter, zoet en licht kruidig. In de winter valt de avond vroeg. Geniet van deze exquise dram in een stoel bij de open haard.

THE GLENLIVET
CAPTAINS RESERVE

LAND	Schotland, Speyside
SOORT	Single Malt
ABV	40%
PRIJS	€€

PROEFNOTITIE

Na jarenlange rijping in ex-bourbon en ex-sherryvaten werd deze versie getrakteerd op 6 maanden extra rijping in ex-cognacvaten. Vol goud van kleur, onthult deze dram zoet/ fruitige aroma's van honing en abrikozenjam, tonen van kaneelbrood en kruidig zoethout. De smaak is sappig, mandarijnen op siroop, rijpe gepocheerde peer en rozijnen in chocolade. De afdronk is zeer soepel en sappig.

THE GLENLIVET
FOUNDERS RESERVE

LAND	Schotland, Speyside
SOORT	Single Malt
ABV	40%
PRIJS	€€

PROEFNOTITIE

Licht goud. Bijzonder aangename aroma's van citrusvruchten, voornamelijk zoete sinaasappel. De smaak zet dat voort en voegt hints van peer en zoete, gekaramelliseerde appel toe. Mooi in balans en opmerkelijk krachtig. De afdronk is lang, romig en zacht. Een prima lente-dram, maar ook goed genietbaar op andere momenten in het jaar. Als aperitief, dat wel.

THE GLENLIVET
NÀDURRA
FIRST FILL SELECTION

LAND	Schotland, Speyside
SOORT	Single Malt
ABV	63,1% (varieert per batch)
PRIJS	€€€

PROEFNOTITIE

Goudgele kleur. Een frisse zomerwind voert zoete, kruidige geuren en houttonen aan. Je proeft zijdezacht, zoet boomgaardfruit met bloemenhoning overgoten. Aan het eind volgt nog een lang aanhoudende traktatie van gember met hazelnoten. Doordat deze whisky op vatsterkte is gebotteld, komt hij behoorlijk stevig binnen. Met een beetje water ontwikkelt hij zich steeds verder, richting herfst en winter.

THE GLENLIVET
NÀDURRA
OLOROSO MATURED

LAND	Schotland, Speyside
SOORT	Single Malt
ABV	53% (varieert per batch)
PRIJS	€€€

PROEFNOTITIE

Helder goud. Een mix van gedroogd fruit, rozijnen en abrikozen met subtiele tonen van kaneel en zoethout geurt je tegemoet. De smaak is zacht en romig, met fruit als kruidige sinaasappelmarmelade en tonen van rijke donkere chocolade. De afdronk is lang, ietwat zoet en voegt lichte, droge kruiden toe. Op vatsterkte gebotteld.

THE GLENLIVET
NÀDURRA
PEATED WHISKY CASK FINISH

LAND Schotland, Speyside
SOORT Single Malt
ABV 61,5% (varieert per batch)
PRIJS €€€€

PROEFNOTITIE

Amber-goud. Een olfactorische uitbarsting van zachte rode appel, citrusschil en aromatische rook. Geeft smaken van rijke en pikante marmelade, romige vanilletoffee en een karakteristieke geroosterde rokerigheid. De afdronk is complex, lang en kruidig met lagen van subtiele rook. Dit wordt veroorzaakt doordat deze whisky een extra rijping op vaten heeft gehad die voorheen geturfde whisky hebben bevat. Op vatsterkte gebotteld.

GLENMORANGIE
10 YEAR OLD
THE ORIGINAL

LAND	Schotland, Northern Highlands
SOORT	Single Malt
ABV	43%
PRIJS	€€

PROEFNOTITIE

Citroengeel. Mandarijn, citroen, appel, peer en perzik, rijpend in de Italiaanse zon. Maar ook vanille-ijs, geranium en wilde munt. Met water komen tevens bergamot en abrikoos opzetten, gevolgd door geranium, kamperfoelie en narcis, eucalyptus, nootmuskaat en gember. Kruidig, fruitig en notig met een charmante afdronk. De distilleerderij ligt in het noorden van Schotland, aan een zeearm met prachtig uitzicht.

GLENMORANGIE
12 YEAR OLD
LASANTA

LAND	Schotland, Northern Highlands
SOORT	Single Malt
ABV	46%
PRIJS	€€

PROEFNOTITIE

Rood koper. Rozijnen gecoat in chocolade, honingraat en zachte karameltoffee. Citrustonen, gebrande suiker die leidt naar crème brûlée, en boerenjongensijs. Met water volgen dadels en gesuikerde abrikoos tegenover hazelnoot en walnotenolie. Kruidig, lijnzaadolie. Rijk, tonen van leder. Aangenaam lange afdronk met gekruide sinaasappel en hazelnoten-in-chocolade. Glenmorangie was de eerste die groot ging experimenteren met na-rijping. Lasanta is "extra matured" in een ex-sherryvat.

GLENMORANGIE
12 YEAR OLD
NECTAR D'OR

LAND	Schotland, Northern Highlands
SOORT	Single Malt
ABV	46%
PRIJS	€€€

PROEFNOTITIE

Honinggoud. Alsof je een Franse patisserie binnenwandelt. Citroentaart, cake, vanille, gesuikerde limoen en sinaasappelschil. Sappige sultanarozijnen, dadels, gember, kokosnoot en nootmuskaat. Geroosterde amandelen, gesmolten honingraat. Blijft lang hangen, met citroenschil, vanilleroom en delicate hints van gember en nootmuskaat. De narijping van deze malt heeft plaatsgevonden in vaten waar voorheen Sauternes (een Franse dessertwijn) in heeft gezeten.

GLENMORANGIE
12 YEAR OLD
THE QUINTA RUBAN

LAND	Schotland, Northern Highlands
SOORT	Single Malt
ABV	46%
PRIJS	€€

PROEFNOTITIE

Rose goud. Een kerstdiner met gepelde mandarijn en Belgische mint chocolaatjes. Walnoot, nootmuskaat en sandelhout. Met water voegen rozenblaadjes, Turks Fruit, fondant en gesuikerde sinaasappel zich bij het gezelschap. Een vleugje kamperfoelie en geranium. De afdronk houdt aan met tonen van bittere mint chocolade en sinaasappel. Narijping in ex-portvaten, wat de roodachtige gloed verklaart.

GLENMORANGIE
18 YEAR OLD

LAND	Schotland, Northern Highlands
SOORT	Single Malt
ABV	43%
PRIJS	€€€€

PROEFNOTITIE

Ongeveer 70% van deze whisky rijpt volledig in ex-bourbonvaten, de resterende 30% wordt de laatste drie jaar gerijpt in Spaanse Oloroso sherryvaten. Na 18 jaren worden ze samengevoegd tot een whisky met een rijk bouquet en een volle geur waarin rozijnen, romige crème brûlée, jasmijn, narcis, en geranium te herkennen zijn. De smaak voegt tonen van dadels, honing, mout, vijgen en noten toe met daarachter een vleugje houtrook. De kleur van de herfst in je glas.

GLENMORANGIE
SIGNET

LAND Schotland, Northern Higlands
SOORT Single Malt
ABV 46%
PRIJS €€€€€

PROEFNOTITIE

Donker goud. De geur van een sterke Aruba espresso stijgt op naast een stroperige plum pudding, rijke sherry en gesuikerde sinaas-appelschil. Een contrast van rijke zoetheid en pittige kruiden met bittere mokka. De afdronk voelt als een lentebries, met munt en citrusfruit. Een deel van de whisky is 30 jaar oud en een deel is gestookt van 'roasted barley', wat de koffiesmaak verklaart.

GLEN MORAY
18 YEAR OLD
ELGIN HERITAGE

LAND Schotland, Speyside
SOORT Single Malt
ABV 47,2%
PRIJS €€€€

PROEFNOTITIE

De kleur van oud goud. Ruikt naar een sherryvat, botertoffee en delicate rook. De smaak is heel complex met heidehoning, warme kruiden, vanille en een hint van eikenhouten rook. De afdronk is zacht en lang, memorabel zelfs. Geheel gerijpt in Amerikaans eikenhouten vaten waar voorheen bourbon in heeft gezeten. De distilleerderij staat in Elgin.

Glen Moray
Elgin Classic Peated

Land	Schotland, Speyside
Soort	Single Malt
ABV	40%
Prijs	€

Proefnotitie

Een gouden pracht die complexe geuren van turfrook, vanille, zure rabarber en hints van leder doet ontluiken. In de smaak ontdek je meteen turfrook, licht gekruid, en romige vanille. De afdronk is lang, zoet en kruidig. Een mooie introductie tot het genre rokerige whisky's; uitsluitend gerijpt in ex-bourbon barrels.

Glen Moray
Port Cask Finish

LAND	Schotland, Speyside
SOORT	Single Malt
ABV	40%
PRIJS	€

Proefnotitie

Licht en fruitig met een roze gloed, ontstaan door een 8 maanden lange narijping in port pipes van het befaamde huis Porto Cruz. Aroma's van crème brûlée, licht eikenhout en rijk gedroogd fruit. De smaak is intens met zomerfruit, bittere chocolade, kaneel en hints van citroen en karamel. De afdronk is langdurig, met zoete kruiden en delicate eik.

The Glenrothes
10 Year Old

Land	Schotland, Speyside
Soort	Single Malt
ABV	40%
Prijs	€€€

Proefnotitie

De single malt in de mooie ronde opvallende buikige fles wordt gemaakt in het dorpje Rothes in Speyside. Deze gouden versie heeft aroma's van vanille, shortbread en een hint van citrusfruit. De smaak is zoet, met citroenschil en lichte mout. De afdronk blijft lang hangen, zoet en sappig.

THE GLENROTHES
12 YEAR OLD

LAND Schotland, Speyside
SOORT Single Malt
ABV 40%
PRIJS €€

PROEFNOTITIE

Er waarde ooit een geest rond in het ketelhuis, die verdreven werd door een professor uit Edinburgh. Nog steeds krijgen bezoekers een 'toast to the ghost', na een rondleiding. De 12-jarige expressie is aromatisch met banaan en vanille, terwijl de smaak daar nog een partje meloen met een snufje kaneel aan toevoegt. De afdronk is lang en zoet, gala meloen met kruiden.

The Glenrothes
Whisky Maker's Cut

Land	Schotland, Speyside
Soort	Single Malt
ABV	48,8%
Prijs	€€€

Proefnotitie

Een wat harsige geur, vermengd met gesuikerde sinaasappel en verse tonen van eikenhout. Smaakt rijk en kruidig met romige vanille en sinaasappelschil. De afdronk is lang, fruitig, weer sinaasappel en een snufje nootmuskaat om het af te ronden. Het ketelhuis van Glenrothes is een must om te zien, net een kathedraal.

Glen Scotia
Double Cask

Land	Schotland, Campbeltown
Soort	Single Malt
ABV	46%
Prijs	€€

Proefnotitie

Amber van kleur. Ruikt en smaakt bijzonder zoet met crème caramel, gekaramelliseerde fruitsuikers, hout, toffee en fudge, voordat er wat appel en perzik bijkomt. Na verloop van tijd een vleugje houtrook. Een lekkere vette body en een diep donkere afdronk. Met een snufje gedroogde munt als slotakkoord. Gerijpt in ex-bourbonvaten en gefinished in ex-Pedro Ximenez sherryvaten. Ooit was Campbeltown de whiskyhoofdstad van Schotland. Er staan nu nog drie werkende distilleerderijen.

GLEN TALLOCH
8 YEAR OLD

LAND	Schotland
SOORT	Blended Malt
ABV	40%
PRIJS	€

PROEFNOTITIE

Een blended malt bevat uitsluitend single malt whiskies van verschillende distilleerderijen. Dit is een smakelijk voorbeeld van deze categorie. Een dram waarin onder andere malts van Old Pulteney en Balblair zijn verwerkt. De meest complexe in de Glen Talloch familie met een diep gouden kleur, rijke aroma's van turfrook, rozijnen en vanille. In de smaak komen ook heidehoning en fruittonen naar voren.

GLEN TALLOCH
12 YEAR OLD
GOLD

LAND	Schotland
SOORT	Blend
ABV	40%
PRIJS	€

PROEFNOTITIE

Deze 12-jarige blend bevat 40% malt whisky, afkomstig van diverse distilleerderijen. Harmonieus en een tikje complex. Een amber/gouden vloeistof in het glas die kruidige geuren, vanille en tabak onthult. De vanille zet zich rijk voort in de smaak en de lange afdronk. Een dram voor zowel de beginner als de wat ervarener whiskyliefhebber.

GLEN TALLOCH
PEATED

LAND	Schotland
SOORT	Blend
ABV	40%
PRIJS	€

PROEFNOTITIE

Een licht rokerige versie van de bekende standaard Glen Talloch blended whisky. Dat komt doordat er bij het maken maar liefst 20% extra peated single malt is gebruikt. Tijdens het rijpen heeft de blend bovendien nog drie maanden doorgebracht in vaten waar voorheen peated whisky in was gerijpt. Een nieuwe ervaring en bijzondere toevoeging aan de clan van Glen Talloch. Een licht gouden dram met geuren van turfrook, bloemen en citrusfruit. De smaak is fris, fruitig/bloemig met toffee en de rook blijft aanwezig.

GLEN TALLOCH
RARE & OLD

LAND	Schotland
SOORT	Blend
ABV	40%
PRIJS	€

PROEFNOTITIE

Dit is de bekendste telg uit de Glen Talloch-familie. Deze blend is samengesteld met ten minste 30% single malt whisky's die onder meer uit de distilleerderijen van Balblair, Knockdhu en Speyburn komen en tenminste vijf jaar zijn gerijpt in eikenhout. De kleur flonkert je tegemoet en je ruikt zachte tonen van citrusfruit, kruiden en toffee die in de smaak gezelschap krijgen van vanille. Een korte vriendelijke afdronk.

Glen Turner
12 Year Old

LAND	Schotland, Speyside
SOORT	Single Malt
ABV	40%
PRIJS	€

Proefnotitie
Een goudbruine dram met aroma's van fruit en bloemen, eikenhout en honing. In de smaak verschijnt meer fruit, gerstsuiker en een hint van gerookt eikenhout. De afdronk is aangenaam, romig, met een hint van zoethout. Deze single malt is uitsluitend bij de Mitra slijterijen verkrijgbaar en is gemaakt bij Glen Moray in Speyside.

Glen Turner
Heritage Port Cask

Land Schotland, Speyside
Soort Single Malt
ABV 40%
Prijs €

Proefnotitie

Goud, doorschoten met een amberen tint. Een geur van toffee, vanille, rozijnen en noten. De smaak zet zich in deze lijn door en voegt er tropisch fruit en een kruidige toon aan toe. In de afdronk blijft de karamel overeind en krijgt gezelschap van een bescheiden hoeveelheid eikenhout. Deze single malt is uitsluitend bij de Mitra slijterijen verkrijgbaar en is gemaakt bij Glen Moray in Speyside.

GRANT'S
TRIPLE WOOD

LAND Schotland
SOORT Blend
ABV 40%
PRIJS €

PROEFNOTITIE

Een nieuwe loot aan de stam van de Grant familie (die van Glenfiddich en Balvenie). Deze blend is samengesteld uit whisky's die in drie verschillende soorten hout hebben gerijpt: Virgin Oak, refill American Oak en first fill ex-bourbon barrels. Het resultaat is een schone, complexe whisky met tonen van rijpe peer en zomerfruit. Smaak en geur balanceren tussen zoete vanille met mout en lichte bloemengeuren. De afdronk is lang en zoet met een subtiele hint van rook.

Green Spot

Land Ierland
Soort Single Pot Still
ABV 40%
Prijs €€

Proefnotitie

Verse aromatische oliën en kruiden met boomgaardfruit en gerst spelen met elkaar tegen een achtergrond van getoast hout. De smaak is vol en kruidig. Een hint van kruidnagel naast groene appel en weer dat hout. In de afdronk domineren kruiden en gerst, langdurig.

HIGHLAND PARK
10 YEAR OLD
VIKING SCARS

LAND	Schotland, Islands (Orkney)
SOORT	Single Malt
ABV	40%
PRIJS	€€

PROEFNOTITIE

Voorheen kwam de 10-jarige in een halve fles (35cl), maar in zijn nieuwe gedaante is het weer een hele (70cl). De kleur is vol, helder goud. De geur onthult sinaasappelschil, boombast, wintergroen, is fruitig met ananas en rode bes. De smaak is eerst rokerig met vanille en potloodslijpsel, dan crème brûlée, eindigend met een zoete toon maar ook kruidig als zwarte peper op eikenhout.

HIGHLAND PARK
12 YEAR OLD
VIKING HONOUR

LAND	Schotland, Islands (Orkney)
SOORT	Single Malt
ABV	40%
PRIJS	€€

PROEFNOTITIE

Gloeiend amber. Aroma's van heidehoning, zoet met turfrook. Die sensatie zet zich voort op de tong en het gehemelte. De rook wordt zoeter, met uitgesproken mouttonen. De afdronk blijft een tijdje aangenaam rondhangen in de mondholte. Highland Park is bij uitstek een goede referentiewhisky, want hij heeft van alles wat. Je kunt hem prima gebruiken om te vergelijken met andere whisky's. Het is namelijk een echte all-rounder.

HIGHLAND PARK
17 YEAR OLD
THE LIGHT

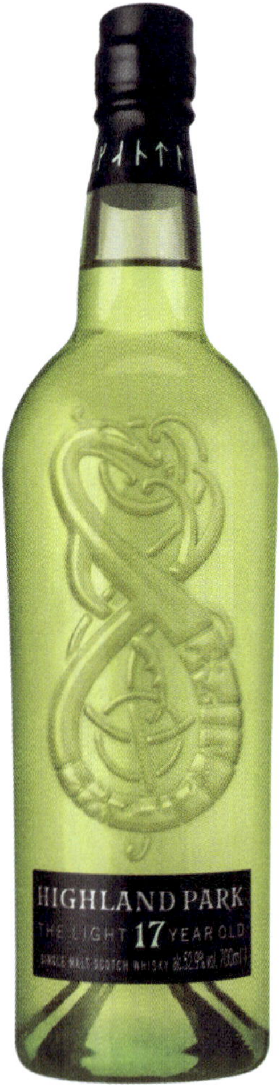

LAND Schotland, Islands (Orkney)
SOORT Single Malt
ABV 52,9%
PRIJS €€€€€

PROEFNOTITIE

Licht goud van kleur is deze 17-jarige een van de nieuwe expressies en de opponent van de eerder verschenen Highland Park The Dark. De geur en smaak geven gekaramelliseerde peer, nootmuskaat, vanille, cederhout. Alles omhuld met licht turfrook, die in de aangename afdronk prettig blijft rondhangen.

HIGHLAND PARK
18 YEAR OLD
VIKING PRIDE

LAND	Schotland, Islands (Orkney)
SOORT	Single Malt
ABV	43%
PRIJS	€€€€€

PROEFNOTITIE

Een van de mooiste drams die wij kennen en al meermalen uitgeroepen tot beste single malt whisky ter wereld, door de Amerikaanse expert Paul F. Pacult. Hier komen turfrook, kruiden, honing, fruit en bloemen samen in een prachtig bouqet. De geur en smaak zijn helemaal in evenwicht. De afdronk is aangenaam en doet verlangen naar meer. Een dram om altijd naar terug te keren.

HIGHLAND PARK
25 YEAR OLD

LAND Schotland, Islands (Orkney)
SOORT Single Malt
ABV 45,7%
PRIJS ~~€€€€€€~~

PROEFNOTITIE

Donker rood goud. Rijk eiken, chocolade en fudge in de geur. De smaak barst van zachte honing en notige toffee. De afdronk is rijk, lang en verrassend zoet voor een whisky van deze leeftijd. Een whisky waar je niet genoeg van kunt krijgen. Op Orkney smaakt hij nog beter, staande bij de kliffen van Yesnaby.

Highland Park
Dragon Legend

LAND	Schotland, Islands (Orkney)
SOORT	Single Malt
ABV	43,1%
PRIJS	€€

Proefnotitie

De gemoute gerst voor Highland Park wordt gedroogd met turf van Hobbister Moor als grondstof. Aromatische turfrook, de geur van heide, zijn kenmerken van deze single malt. De smaak is notig, met kruiden, fruitcake en vanille. Een mooie lange, evenwichtige afdronk, nog steeds met rook.

Highland Park
Valknut

Land Schotland, Islands (Orkney)
Soort Single Malt
ABV 46,8%
Prijs €€€

Proefnotitie

De tweede Highland Park in de serie Viking Legends heeft een licht gouden kleur en ruikt naar getoaste vanillestokjes, gemalen zwarte peper, houtschaafsel, kruidnagel, anijs en een zuchtje rook. De smaak onthult zich zoet, aromatisch; de kruidnagel sluit een verbond met de anijs. In de afdronk blijven de rokerige tonen en de zoetige kruiden mooi in evenwicht.

THE IRISHMAN

LAND Ierland
SOORT Single Malt
ABV 40%
PRIJS €€

PROEFNOTITIE

Een Ierse single malt waar veel in gebeurt. Vanille, kaneel en gember strijden om de aandacht, terwijl in de achtergrond langzaam geroosterde amandelen en honing verschijnen. Ook een abrikoos komt om de hoek kijken, besprenkeld met een vleugje cacaopoeder. Een deel van deze whiskey rijpte in ex-bourbonvaten en een ander deel in ex-Oloroso sherryvaten, voordat ze bijeengevoegd werden. Een interessante jongen waarvan maximaal 6.000 flessen per batch worden geproduceerd.

THE IRISHMAN
FOUNDER'S RESERVE

LAND	Ierland
SOORT	Blend
ABV	40%
PRIJS	€€

PROEFNOTITIE

Groene appel gaat aan de kant voor kruiden en zomerfruit. De afdronk neigt naar gekruid eikenhout met butterscotch. Een welkome aanvulling op het assortiment Ierse whiskeys die de schappen van de slijters vullen. Dit is een blend die voor 70% uit single malt bestaat en voor 30% uit pure pot still whiskey.

Jack Daniel's
Old No. 7

Land Verenigde Staten, Tennessee
Soort Tennessee Whiskey
ABV 40%
Prijs €

Proefnotitie

Groot, geweldig, vanille-achtig, met de geur van karamel en hout. Een echte sippin' whiskey uit het zuiden van de Verenigde Staten. Het distillaat wordt voor het rijpen in vaten eerst gefilterd door een metersdikke laag houtskool van de suikerahorn (maple). Dat geeft Jack zijn soepele, zachte smaak. Vanwege dit enigszins afwijkende proces, dat door de medewerkers 'charcoal mellowing' wordt genoemd, is Jack geen bourbon, maar Tennessee whiskey.

JACK DANIEL'S
GENTLEMAN JACK

LAND	Verenigde Staten, Tennessee
SOORT	Tennessee Whiskey
ABV	40%
PRIJS	€€

PROEFNOTITIE

Een zachtere versie van de bekende Jack Old No. 7 maar nog steeds met die kenmerkende smaken en geuren van vanille, hout en karamel. Niet alleen vóór het vatten gefilterd met het zogenaamde Lincoln County proces, maar ook vóór het bottelen. Die dubbele filtering levert een extra zachte smaak op. Gentleman Jack doet het dan ook prima in cocktails zoals whiskey sour of Lynchburg Lemonade.

Jack Daniel's
Single Barrel

Land	Verenigde Staten, Tennessee
Soort	Tennessee Whiskey
ABV	45%
Prijs	€€

Proefnotitie

Waar Jack Old No. 7 en de Gentleman worden samengesteld uit een groot aantal vaten, komt elke batch single barrel Jack uit één specifiek vat, met de hand geselecteerd door master distiller Jeff Arnett. Hij weet feilloos de 'sweet spots' in het pakhuis te vinden. Robuuster van smaak, mede door het hogere alcoholpercentage, met tonen van getoast eikenhout, vanille en karamel. Een stevige, kruidige jongen die je achterlaat met een aangename overpeinzing.

....

....

....

....

....

....

JAMESON
18 YEAR OLD
BOW STREET

LAND	Ierland
SOORT	Blend
ABV	54,5% (varieert per batch)
PRIJS	€€€€€€

PROEFNOTITIE

Een blend van drie zeldzame whiskey's, allen 18 jaar gerijpt in een mix van Europees en Amerikaans eikenhouten vaten, bij de Midleton Distillery in County Cork. Zes maanden gefinished in first fill ex-bourbon barrels in Bow Street, Dublin. Krachtige souplesse, aromatische oliën met een vleugje hout en kruidige toffee. Vanille, leder, notige sherry. De afdronk blijft lang hangen, rond en rijk. Gebotteld op vatsterkte.

JAMESON

LAND Ierland
SOORT Blend
ABV 40%
PRIJS €

PROEFNOTITIE

Straalt licht goud in het glas. Een lichte bloemengeur, gepeperd met kruidig hout en zoetig. In evenwicht met tonen van kruiden, noten en vanille. Hier en daar een hint van zoete sherry. Uitzonderlijk licht en soepel. Begon zijn leven in de 19de eeuw in Dublin maar wordt al decennia lang gemaakt in Midleton, graafschap Cork, in het zuiden van de Ierse Republiek.

JAMESON
BLACK BARREL

LAND Ierland
SOORT Blend
ABV 40%
PRIJS €€

PROEFNOTITIE

Gerijpt in dubbel geblakerde vaten van zowel Amerikaans als Europees eiken. Aroma's van exotisch fruit, met name abrikoos, papaya en nectarine. De smaak knalt er uit met zoet fruit, golven van vanille en kruiden, omhuld door eikenhouten tonen. De afdronk is bijzonder lang, kruidig en fruitig.

JAMESON
CASKMATES STOUT EDITION

LAND	Ierland
SOORT	Blend
ABV	40%
PRIJS	€

PROEFNOTITIE

Begint met de geur van vers gemaaid gras en een karakter van vers boomgaardfruit zoals groene appel en peer, met daaromheen een limoenschilletje. Licht kruidig, zich ontwikkelend naar groene thee, hazelnoot en melkchocolade. Zelfs een beetje hop. De smaak zet zich langs dezelfde lijn door, met cacaobonen erbij, en marsepein. Lange en zoete finale. Gerijpt in ex-biervaten.

JAMESON
CRESTED

LAND Ierland
SOORT Blend
ABV 40%
PRIJS €€

PROEFNOTITIE

Zwaar gesherried, zowel in de geur als de smaak. Delicate tonen van sherry en getoast hout, fruit, kruiden en chocolade. Een heerlijk lange, verwarmende afdronk. Er zit verhoudingsgewijs meer pure pot still whiskey in dan in andere Jameson blends. Voorheen heette deze versie Crested 10.

JAMESON
BLENDER'S DOG

LAND Ierland
SOORT Blend
ABV 43%
PRIJS €€€

PROEFNOTITIE

Een geur van licht citrusfruit komt je tegemoet, met ananas, mango, kiwi, vijgen en dadels. Een beetje walnoot ook. De volle body geeft smaken van romige toffee en butterscotch, kruiden en sappig fruit. Complex met een tikje tannine. De afdronk is extreem lang en het fruit verdwijnt zeer langzaam. Samengesteld door head blender Billy Leighton.

JAMESON
COOPER'S CROZE

LAND	Ierland
SOORT	Blend
ABV	43%
PRIJS	€€€

PROEFNOTITIE

Aroma's van een subtiel bloemenparfum krijgen gezelschap van rijk en rijp fruit. Geblakerde eik en cederhout voegen complexiteit en evenwicht toe. De eerste smaakindruk is zoete vanille van de ex-bourbon barrel. Dan komen de rijke fruitsmaken van het ex-Oloroso sherryvat naar boven. Een aangename toon van hazelnoot en geroosterd hout, een tikje kruidig naar het eind. Samengesteld door head cooper Ger Buckley.

Jameson
Distiller's Safe

Land Ierland
Soort Blend
ABV 43%
Prijs €€€

Proefnotitie

Van fleurig parfum en verse tuinkruiden naar levendige keukenkruiden. Een blend van grain whiskey en pot still whiskey die het beste van beide werelden verenigt. Zoet als gerstsuiker naast sappige grapefruit en groene peper, met een vleugje marsepein. Kaneel en zoethout. Dan mandarijn en sinaasappel naast gemalen amandel. De afdronk is licht en sappig, eindigend met een moutige toon. Samengesteld door head distiller Brian Nation.

JIM BEAM
WHITE LABEL

LAND Verenigde Staten, Kentucky
SOORT Kentucky Straight Bourbon
ABV 40%
PRIJS €

PROEFNOTITIE

In de 18de eeuw emigreerde de Duitser Jacob Bohm naar het land van de onbegrensde mogelijkheden. Hij ging whiskey stoken en veranderde zijn naam in Beam, met verstrekkende gevolgen. Die naam werd bijna synoniem met bourbon, toen zijn kleinzoon James “Jim” Beauregard Beam er een wereldmerk van maakte. White wordt ook wel de “Original” genoemd. Lekker om bijvoorbeeld met cola te mixen.

Jim Beam
Black Label

Land Verenigde Staten, Kentucky
Soort Kentucky Straight Bourbon
ABV 43%
Prijs €

Proefnotitie

Koper goud van kleur, met een geur die doet denken aan een mix van karamel, eikenhout, kaneel en vanille. Een volle body waarin de rijke smaak met nog meer karamel dan in de geur, prachtig en evenwichtig naar voren komt. Een klassieke Kentucky Bourbon van marktleider Jim Beam.

JIM BEAM
DOUBLE OAK

LAND	Verenigde Staten, Kentucky
SOORT	Kentucky Straight Bourbon
ABV	43%
PRIJS	€

PROEFNOTITIE

Een mooie bourbon met een tweede rijping in nieuwe geblakerde vaten. Dat is duidelijk te ruiken, en te proeven. Vanille, getoast eikenhout, karamel en toffee gaan hand in hand met een stevige, aangename kruidigheid. De dubbele rijping levert een intensere smaak op dan die van Jim Beam White of Black. Een smakelijke aanvulling in de range.

Jim Beam
Rye

Land Verenigde Staten, Kentucky
Soort Kentucky Straight Rye
ABV 40%
Prijs €

Proefnotitie

Geliefd bij bartenders, een onvervalste rye whiskey in de stijl van voor de Drooglegging. Beam werd overigens al in 1795 opgericht en gebruikt nog steeds de oude recepturen. Dit is een goud-amberen jongen met een kruidige smaak, hints van vanille, zwarte peper en eiken ondertonen. De afdronk is warm en uitnodigend.

JIM BEAM
HONEY

LAND Verenigde Staten, Kentucky
SOORT Bourbon Liqueur
ABV 35%
PRIJS €

PROEFNOTITIE

Sinds enkele jaren komen er steeds meer "flavored whiskeys" op de Amerikaanse markt. Een trend die inmiddels ook is overgenomen door de Schotten en de Ieren. Dit drankje heeft meer weg van een likeur en mag geen whiskey heten omdat het beneden de 40% is gebotteld en hoort strikt genomen dus niet in een whisky almanak thuis. Maar vooruit, het is zeker het proberen waard als je van extra zoet houdt.

JOHNNIE WALKER
18 YEAR OLD

LAND Schotland
SOORT Blend
ABV 40%
PRIJS €€€€

PROEFNOTITIE

Oud goud met bloemenaroma's naast ananas, gesuikerde citroen en custard. Rokerig, maar niet extreem. De fruitige smaak onthult appel, peer, kers, sultana en passievrucht. Dan volgt rokerige koffie, nootmuskaat, toffee en amandel. De afdronk is zeer lang en de smaken blijven elkaar opvolgen. Een whisky met diepgang, zeer complex.

JOHNNIE WALKER
BLACK LABEL

LAND	Schotland
SOORT	Blend
ABV	40%
PRIJS	€€

PROEFNOTITIE

Vol goud. Mooie combinatie van droge turfrook met rijke mouttonen in evenwicht gehouden door hints van cederhout en fruit, bittere chocolade en zoete vanille. Meer karakter dan Red Label. Deze versie van Johnnie Walker is twaalf jaar oud. In een blend kunnen ook oudere whisky's zitten. Als er een leeftijd op staat, is dat altijd die van de jongste whisky in de blend.

JOHNNIE WALKER
GOLD LABEL

LAND Schotland
SOORT Blend
ABV 40%
PRIJS €€

PROEFNOTITIE

Vol goud. Zoet fruit, honing en vriendelijke rook. Soepel en elegant met vanille en citrusfruit. Een zachte afdronk. De honing blijft, omzoomd door lichte rook. Een mooie en complexe blend. Een fraaie dessert whisky. Johnnie Gold doet het namelijk uitstekend bij een stukje chocolade.

JOHNNIE WALKER
GREEN LABEL

LAND Schotland
SOORT Blended Malt
ABV 43%
PRIJS €€

PROEFNOTITIE

Een prachtige blended malt waarvan de jongste whisky 15 jaar oud is. Pas gemaaid gras en rook van een houtvuur. Vers fruit, peper en vanille, licht tuinfruit en bloemen, tonen van cederhout. Prachtig diep van karakter. Deze blended malt is samengesteld uit vaten van Talisker, Linkwood, Cragganmore en Caol Ila. Een bijzonder aangename dram.

JOHNNIE WALKER
BLUE LABEL

LAND Schotland
SOORT Blend
ABV 40%
PRIJS €€€€€

PROEFNOTITIE

Een veelgelaagde single malt die is samengesteld uit excellent gerijpte whisky's, waarvan een deel bestaat uit oude tot zeer oude vintages uit de distilleerderijen van eigenaar Diageo. Het recept is het best bewaarde geheim van de master blender. In ieder geval zitten er single malts in van Benrinnes, Cardhu, Clynelish en Caol Ila, naast grain whisky's van Cameronbridge en Port Dundas. Laatstgenoemde is in 2011 afgebroken maar er zijn nog voorraden van.

JURA
10 YEAR OLD

LAND Schotland, Islands (Jura)
SOORT Single Malt
ABV 40%
PRIJS €€

PROEFNOTITIE

Een kopergouden, rijke en ronde dram met tonen van nectarine en bittere chocolade, eindigend in gemalen koffie en zoete sherry. Het geheel is doortrokken van een vleugje milde rook. Deze single malt komt van het gelijknamige Schotse eiland aan de westkust. Daarop staat 1 distilleerderij, 1 dorpje, 1 schooltje en 1 hotel. De populatie van Jura bestaat uit ongeveer 200 mensen ... en ongeveer 5000 herten!

JURA
12 YEAR OLD

LAND Schotland, Islands (Jura)
SOORT Single Malt
ABV 40%
PRIJS €€€

PROEFNOTITIE

Een gouden gloed in het glas. Rijk en rond van smaak, prachtig in balans met tonen van chocolade, citrusfruit, zoethout en banaan. In de afdronk een zuchtje rook. Na 12 jaar rijpen in Amerikaans eiken ex-bourbon barrels mocht deze single malt nog een tijdje doorbrengen in Oloroso ex-sherryvaten alvorens gebotteld te worden.

JURA
18 YEAR OLD

LAND	Schotland, Islands (Jura)
SOORT	Single Malt
ABV	44%
PRIJS	€€€€

PROEFNOTITIE

Een kleur als rozenhout. Dat komt door de narijping op rode wijnvaten, nadat de whisky eerst 18 jaar in ex-bourbon barrels heeft doorgebracht. Het resultaat is rijk, met een volle body en heerlijke aroma's en smaken van toffee, kaneel, bramen en bosbessen. De afdronk voegt er bittere chocolade en koffie aan toe. Achter de distilleerderij doemen de Paps of Jura op, drie bij Schotlandgangers bekende bergtoppen.

JURA
JOURNEY

LAND	Schotland, Islands (Jura)
SOORT	Single Malt
ABV	40%
PRIJS	€€

PROEFNOTITIE

De naam verwijst naar de oprichting en de wedergeboorte van de distilleerderij. Het is een reis naar de unieke stijl van Jura, gerijpt in ex-bourbon barrels gemaakt van de Amerikaanse witte eik. Een delicaat evenwicht tussen rijk fruit en een vriendelijk spoortje rook. Amber goud van kleur, geurend naar vanille, kruiden en citrusfruit, met een smaak van kaneel, peer en pecannoot. De afdronk geeft karamel/toffeefudge.

JURA
SEVEN WOOD

LAND	Schotland, Islands (Jura)
SOORT	Single Malt
ABV	42%
PRIJS	€€€

PROEFNOTITIE

Deze versie heeft een unieke rijping gehad in vaten van maar liefst zeven verschillende houtsoorten: Amerikaans eiken first fill ex-bourbon barrels, Frans eiken Limousin, Troncais, Allier, Vosges, Jupilles en Les Bertrange vaten. Het leverde een mahoniehouten kleur op en een zeldzame balans van aroma's en smaken die doen denken aan perzik, zoethout en gesuikerde sinaasappel. In de afdronk ontwaar je een subtiele zucht van rook.

KAVALAN
CLASSIC

LAND	Taiwan
SOORT	Single Malt
ABV	40%
PRIJS	€€€

PROEFNOTITIE

De trots van Taiwan is amber van kleur met een elegante geur die op verleidelijke wijze bloemen en fruit onthult, met name honing, mango, perendrups, kokosnoot, vanille en een suggestie van chocolade. In de smaak voert mango de boventoon, vergezeld van kruiden, uitmondend in een afdronk met citrustonen. Een complexe warme ietwat olieachtige dram.

KAVALAN
CONCERTMASTER

LAND	Taiwan
SOORT	Single Malt
ABV	40%
PRIJS	€€€

PROEFNOTITIE

Met een roodbruine kleur (wat moeilijk te zien door de groene fles), afkomstig van het ex-port vat dat voor de rijping is gebruikt, doemen geuren en smaken van tropisch fruit, honing, vanille, kokosnoot en suikerspin op. De body van deze whisky is rijk. Eveneens een zoete en complexe dram die het uitstekend doet als digestief na een copieuze maaltijd.

KILBEGGAN

LAND Ierland
SOORT Blend
ABV 40%
PRIJS €

PROEFNOTITIE
Een whisky die het levenslicht zag in de oudste legale distilleerderij van Ierland, Kilbeggan genaamd. Geproduceerd in een 180 jaar oude pot still en minimaal drie jaar en een dag, doch vaak veel langer, gerijpt in ex-bourbon barrels. Het levert een zeer soepele en gemakkelijk drinkbare whiskey op met tonen van vanille, lijnzaad, honing en moutkoejes.

Kilchoman
Machir Bay

Land	Schotland, Islay
Soort	Single Malt
ABV	46%
Prijs	€€

Proefnotitie

De standaard botteling van Kilchoman, vernoemd naar een pittoreske rotsige baai aan de westkust van Islay. Werd voor het eerst in 2012 op de markt gebracht en won dat jaar meteen een gouden medaille van de International Whisky & Spirits Competition (IWSC). Gerijpt in een combinatie van ex-bourbon en ex-sherryvaten. Rijk tropisch fruit, turfrook, een beetje vanille. Intens zoet.

KILKERRAN
12 YEAR OLD

LAND Schotland, Campbeltown
SOORT Single Malt
ABV 46%
PRIJS €€

PROEFNOTITIE

De geur van eikenhout, gevolgd door getoaste marshmallows, gedroogd fruit, marsepein en een zuchtje turfrook. De smaak varieert van sinaasappel naar vanille, butterscotch en honingraat op een moutkoekje. De afdronk is fluweelzacht, met de kenmerkende olieachtige body en zilte toon van Campbeltown whisky.

DSP
JIM BEAM
BEAM FORMULA
B
AMERICAN STILLHOUSE
JIM BEAM
American
STILLHOUSE

Knob Creek

LAND Verenigde Staten, Kentucky
SOORT Kentucky Straight Bourbon
ABV 50%
PRIJS €€

PROEFNOTITIE

Koperkleurig. Aroma's van graan, geroosterde noten, eik en bootlak. De smaak is rijk, zoet, houtig met een fruitig/kruidige ondertoon. Een volle body. De afdronk is lang en rijk, en gloeit nog even na, mede vanwege het wat hogere alcoholpercentage dan gebruikelijk is. Een van de small batch bourbons van Beam Suntory. De andere drie zijn Baker's, Basil Hayden en Booker's.

LAGAVULIN
8 YEAR OLD

LAND	Schotland, Islay
SOORT	Single Malt
ABV	48%
PRIJS	€€€

PROEFNOTITIE

Licht goud. Frisse geur met tonen van melkchocolade en citroen. De smaak doet denken aan thee, een zeebries en graan, zich ontwikkelend naar een zoete, rokerige en verwarmende, aanzwellende rokerige scherpte. De afdronk is zeer lang en rokerig. Een single malt die je bijblijft. Deze expressie is een ode aan whiskyschrijver Alfred Barnard, die Lagavulin eind 19de eeuw bezocht en destijds zeer lovend over de 8-jarige was.

LAGAVULIN
16 YEAR OLD

LAND	Schotland, Islay
SOORT	Single Malt
ABV	43%
PRIJS	€€€

PROEFNOTITIE

Oranjegoud. Heftig, met turfrook, jodium en zeewier, in een diepe zoetheid. Rijk gedroogd fruit omgeven door rook. Intense gerstemout. Achterin de mond een explosie van peperige rook. Extreem lange afdronk, kenmerkend zoet/peperig. De befaamde tenorist Dexter Gordon dronk graag een cocktail en ontwikkelde ooit een "smokey martini" door er een scheut Lagavulin bij te doen. De distilleerderij heeft wel wat met jazz en sponsort al jarenlang het Islay Jazz Festival dat altijd in september plaatsvindt.

LAGAVULIN
THE DISTILLERS EDITION

LAND	Schotland, Islay
SOORT	Single Malt
ABV	43%
PRIJS	€€€€

PROEFNOTITIE

Met een kleur als gouden siroop en een geur van turfrook, vanille, rozijnen, rook, jodium en mout. De smaak voegt daar zout, een scheutje koffie en vanille bij, met daarachter een licht fruitige toon. Een heerlijke, lange fruitige afdronk waar turfrook en eikenhout eveneens een rol spelen. Deze 'gentle giant' kende een narijping in Pedro Ximenez ex-sherryvaten. In het rokerige domein één van Hans' uitgesproken favorieten.

LAMBAY

LAND Ierland
SOORT Single Malt
ABV 40%
PRIJS €€€

PROEFNOTITIE

Drievoudig gedistilleerd en geproduceerd met Lambay Island Trinity Well water. Een zachte, niet geturfde whiskey. Haar unieke aroma kan worden toegeschreven aan het gebruik van first fill bourbon casks en een finish op Camus cognacvaten. De kleur is mahonie bruin. Aroma's van mout, groen fruit, bloemen en rijpe bananen. We proeven kokos, mout en gedroogde bessen. Een lang aanhoudende finish van mout, zoetheid en groen fruit.

LAMBAY
SMALL BATCH

LAND Ierland
SOORT Blend
ABV 40%
PRIJS €€

PROEFNOTITIE

Het legendarische Cognachuis Camus en haar Master Blender Patrick Léger, schuilt achter het ontwikkelen en 'finishen' op Camus cognacvaten van deze whiskey. Lambay wordt op het vasteland drie keer gedistilleerd, gelagerd en ondervindt vervolgens een finish op cognacvaten van Camus op het verborgen paradijs voor de kust van Dublin: Lambay Island. In de geur ontdekken we bloemen, citrus en een aanhoudende kruidigheid. We proeven gekraakte amandelen, een pepertje en mout. Floraal. De afdronk is kruidig met een aanhoudende zoetheid.

LAPHROAIG
10 YEAR OLD

LAND	Schotland, Islay
SOORT	Single Malt
ABV	40%
PRIJS	€€

PROEFNOTITIE

Gouden kleur. Overweldigende geur van rook en zeewier. Bijna medicinaal, maar met een zoete hint achter de zilt-rokerige lagen die eerst naar boven komen. Lange afdronk. Rijping grotendeels in ex-bourbon barrels. Een echte 'love it or hate it' single malt. No compromise!

LAPHROAIG
SELECT

LAND	Schotland, Islay
SOORT	Single Malt
ABV	40%
PRIJS	€€

PROEFNOTITIE

Gerijpt in nieuwe Amerikaans wit eiken vaten, Pedro Ximenez hogsheads, Oloroso sherry butts, Quarter Casks en ex-bourbon barrels. Vol, met een zoete start, gevolgd door de klassieke rooksmaak. Tikje droog en bloemig. Rijp fruit in de afdronk. Op de website van Laphroaig kun je je aanmelden als Friend of Laphroaig (FoL), waarna je bepaalde voorkeuren geniet.

LAPHROAIG
TRIPLE WOOD

LAND	Schotland, Islay
SOORT	Single Malt
ABV	48%
PRIJS	€€

PROEFNOTITIE

Gerijpt in ex-bourbonvaten, daarna in quarter casks en tenslotte in ex-Oloroso sherryvaten. Melasse en toffee met dadels en walnoten. Verder tonen van boter, sinaasappelschil, passievrucht, amandel en rook. Droge medicinale tonen met exotische specerijen. De afdronk is lang met kruiden en gedroogd fruit.

LEDAIG
10 YEAR OLD

LAND	Schotland, Islands (Mull)
SOORT	Single Malt
ABV	46,3%
PRIJS	€€

PROEFNOTITIE

Helder citroengeel. Zoet-zilte rook neigend naar antiseptics, creosoot, boenwas; mint chocolade en bloemige aroma's aan de kust. Zoet doch medicinaal, kruidige peper, turf-rook, vanille, moutig/romig. Eindigt kruidig met witte peper en zoete drop, kruidnagel, licht gezouten. Een rokerige whisky die bij Tobermory, de enige distilleerderij van het eiland Mull, wordt gestookt.

LOCH LOMOND
ORIGINAL

LAND	Schotland, Central Highlands
SOORT	Single Malt
ABV	48%
PRIJS	€

PROEFNOTITIE

Een elegante soepele en volle whisky die bijzonder makkelijk te drinken is. Aroma's van warm leer, dan heide en zoete mout, die zich ontwikkelen naar een subtiele houttoon. Uitgesproken moutig van smaak, romig in de mond, paranoten, een vleugje citroen. De afdronk wordt weer zoeter met hints van donkere melasse en citroenschil die het zoete in evenwicht houdt.

LONGMORN
16 YEAR OLD

LAND Schotland, Speyside
SOORT Single Malt
ABV 48%
PRIJS €€€€

PROEFNOTITIE

Geuren van gestoofd boomgaardfruit met volle tonen van vanille crème brûlée. In de smaak komen ook rijpe peer en romige melkchocolade naar voren. De afdronk is smaakvol en exquisite. Een van de verborgen schatten van de Speyside regio.

LONGMORN
23 YEAR OLD

LAND Schotland, Speyside
SOORT Single Malt
ABV 48%
PRIJS €€€€€€

PROEFNOTITIE

Aroma's van zachte vanille fudge en romige karamel, gedoopt in melkchocolade en honing. De smaak leidt naar rijpe peren en zoete rode appels, tussen een heerlijke gekruide gembercake. De afdronk is extreem lang en zacht als fluweel. Zeldzaam lekker.

LONGMORN
THE DISTILLER'S CHOICE

LAND	Schotland, Speyside
SOORT	Single Malt
ABV	40%
PRIJS	€€€

PROEFNOTITIE

Soepel en romig met tonen van zachte karamel, melkchocolade en zoete, sappige mandarijn. Rijpe smaken van peer en hints van vochtige gembercake en zoete strooptoffee. Een lange, zoete en zeer soepele afdronk.

LOSSIT

LAND	Schotland
SOORT	Blended Malt
ABV	43%
PRIJS	€€€

PROEFNOTITIE

Ontdek hoe Lost Distillery glorieus verleden en hedendaagse passie in je whiskyglas brengt. Distilleerderij Lossit was de 'Top Islay Distillery' midden 19e eeuw. Je herkent turf, peren en amandelmelk. Licht kruidig. Langdurige afdronk met een zweem van rook. De blend is samengesteld uit 10 tot 12 jaar oude whisky

The Macallan
12 Year Old
Double Cask

Land	Schotland, Speyside
Soort	Single Malt
ABV	40%
Prijs	€€€€

Proefnotitie

Nieuw Amerikaans eikenhout werd verscheept naar Spanje, waar er vaten van werden gemaakt, die vervolgens werden ‘geseasoned’ met sherry en daarna naar Speyside getransporteerd. In Schotland werd er new make in gegoten om vervolgens 12 jaar te rijpen. Die whisky werd daarna vermengd met 12 jaar oude whisky gerijpt op ex-Oloroso sherry Europees eiken vaten en aldus gebotteld. Het resultaat verenigt vanille, citrus en lichte eik met het traditionele Macallan karakter van rijk fruit, sherry en kruidige houttonen.

The Macallan
12 Year Old
Sherry Oak Cask

Land	Schotland, Speyside
Soort	Single Malt
ABV	40%
Prijs	€€€€

Proefnotitie

Rijk goud van kleur met een complexe geur waar hints van vanille eerst bovenkomen. Dan gedroogd fruit met eikenhout en kruiden (nootmuskaat, kruidnagel). Dit zet zich allemaal naadloos door in de smaak en echoot nog enige tijd na in de heerlijke afdronk. Nog steeds de Rolls Royce onder de single malts. Klassieke Macallan!

The Macallan
12 Year Old
Triple Cask Matured

Land	Schotland, Speyside
Soort	Single Malt
ABV	40%
Prijs	€€€

Proefnotitie

Single malts gerijpt in drie verschillende vaten en daarna samengevoegd, vandaar de naam. Het levert een strogele kleur op met aroma's van fruit en heidehoning. In de smaak komen daar kruiden en eikenhout bij. Ook hier die klassieke afdronk met gedroogd fruit en gekruide eik. De distilleerderij staat op Easter Elchies Estate, waarvan het landhuis op fles en verpakking is afgebeeld. Aan de overkant van de rivier de Spey staat het Craigellachie Hotel, met de wereldberoemde Quaich Whisky Bar.

The Macallan
15 Year Old
Triple Cask Matured

LAND	Schotland, Speyside
SOORT	Single Malt
ABV	43%
PRIJS	€€€€€

Proefnotitie

Dit krijg je wanneer je de single malt op de vorige pagina 3 jaar langer laat doorrijpen. Daardoor krijgen geur en smaak extra dimensies met hints van rozen en kaneel, rijke chocolade, sinaasappel en rozijn. In de afdronk het herkenbare droge fruit naast de sinaasappel. Prachtig in evenwicht allemaal.

THE MACALLAN
18 YEAR OLD
TRIPLE CASK MATURED

LAND Schotland, Speyside
SOORT Single Malt
ABV 43%
PRIJS €€€€€€

PROEFNOTITIE

Nog een drietal jaren langer in drie soorten hout slapen levert een licht amberen kleur op met extra aroma's van gedroogde bloemblaadjes, kokosnoot, vanille en sinaasappel. De smaak is fluwelig en voegt nootmuskaat en kaneel toe. De finale presenteert sinaasappelchocolade met een hint van houtrook. Een 'stunning' dram.

The Macallan
Gold

Land Schotland, Speyside
Soort Single Malt
ABV 40%
Prijs €€

Proefnotitie

Geel goud. Citroen, daarna sinaasappelschil. Zoet maar niet overweldigend. Een rustige vanilletoon wordt gevolgd door bittere chocolade, bloementonen en lichte eik. In de smaak gestoofd fruit met hints van gember en kaneel, een vleugje eik met daarna geroosterde appelschijfjes. De afdronk is zoetig, moutig en een tikje droog.

The Macallan
Gold
Double Cask

LAND	Schotland, Speyside
SOORT	Single Malt
ABV	40%
PRIJS	€€

Proefnotitie

Deze leeftijdsloze expressie is het resultaat van twee verschillende vatrijpingen. Gebrand goud van kleur, met geuren van citroen, sinaasappelschil met daartussen zoete vanille en bittere chocolade. In de smaak komen daar zuurtjes met hints van gember en kaneel bij waarna geroosterde appel zijn opwachting maakt. De afdronk is middelzoet, moutig en een tikje droog.

THE MACALLAN
AMBER

LAND	Schotland, Speyside
SOORT	Single Malt
ABV	40%
PRIJS	€€€

PROEFNOTITIE

The Macallan Amber heeft uitsluitend gerijpt in sherryvaten. Je ruikt bloemen en zoet citrusfruit, dan zoete vanilletonen boven pas geoogst graan. Rozijnen, sultana's, kaneel, toffee, appels en gesponnen suiker. De smaak gaat richting frisgroene appels en citroen, vermengd met kaneel. Gembertonen met fruit en subtiel eiken. De afdronk is licht tot medium, zacht fruit en granen.

The Macallan
Sienna

Land	Schotland, Speyside
Soort	Single Malt
ABV	43%
Prijs	€€€€

Proefnotitie

Bij The Macallan Sienna is de verhouding sherryvaten anders dan bij die van Amber. Deze versie geurt naar lichte vanille, sappig-pittige sinaasappel naast fris-groene appels. Witte chocolade truffels en elegante eik. Smaakt naar dadels, vijgen, rozijnen; daarna nootmuskaat, gember, een vleugje sinaasappel en appel, afsluitend met vanille. De afdronk is vriendelijk, soepel en verwarmend.

The Macallan
Rare Cask

Land Schotland, Speyside
Soort Single Malt
ABV 43%
Prijs €€€€€€

Proefnotitie

Mahonie-kleurig. Vanille, rozijn, chocolade met appel, citroen en sinaasappel. Prachtig in balans gehouden door gemberwortel, kaneel, nootmuskaat en kruidnagel. In de smaak allemaal bijeengehouden door een eiken ondertoon. De afdronk is vol en warm met een hint van citroenschil. Hans vierde er zijn 60ste verjaardag mee tijdens WFNN 2016. Eentje om nooit te vergeten.

MAKER'S MARK

LAND Verenigde Staten, Kentucky
SOORT Kentucky Straight Bourbon
ABV 45%
PRIJS €

PROEFNOTITIE

Bourbon wordt gemaakt van een recept van granen. Het hoofdbestanddeel is maïs, naast rogge en gemoute gerst. Maker's wijkt daarvan af door tarwe in plaats van rogge te gebruiken. Dat levert een zachte bourbon op met duidelijke vanille, toffee en fruitige tonen die soepel het keelgat inglijdt. Opmerkelijk genoeg wordt deze Amerikaanse whisky zonder "e" gespeld. De rode was werd oorspronkelijk gebruikt om de fles te verzegelen zodat er niet met de inhoud geknoeid kon worden.

Mars Maltage
Cosmo

Land Japan
Soort Blended Malt
ABV 43%
Prijs €€€

Proefnotitie

De naam "Cosmo" verwijst naar de Japanse Alpen waarmee de distilleerderij is omgeven. Mars gebruikt voor de productie puur bronwater van Shinshu. Dit water heeft eeuwenlang door de granieten rotsbodem gesijpeld en is daardoor rijk aan natuurlijke mineralen. De whisky heeft een soepele en complexe smaak van honing, karamel en gerijpte vruchten, met subtiele houtige en rokerige hints in de afdronk.

McClelland's
Highland

LAND	Schotland, Highlands
SOORT	Single Malt
ABV	40%
PRIJS	€

PROEFNOTITIE

Licht goud. Opent zich met geuren van droge, lichte turfrook, gevolgd door kruidige hints van kaneel en hazelnoot. De smaak is fruitig, vol en evenwichtig, met vanille, kaneel, noten en een zuchtje turfrook. De afdronk is lang. Deze versie is samengesteld uit single malts van 8 tot 12 jaar oud en in Nederland exclusief bij de Mitra verkrijgbaar.

McClelland's
Islay

Land Schotland, Islay
Soort Single Malt
ABV 40%
Prijs €

Proefnotitie

Het rokerige lid van de McClelland clan is koperkleurig en ruikt naar de zee, een zilte toon vermengd met warme rook. In de zoete smaak blijft de rokerigheid overeind, evenals in de evenwichtige middellange rijpe afdronk. Deze versie is samengesteld uit single malts van 8 tot 12 jaar oud en in Nederland exclusief bij de Mitra verkrijgbaar.

McClelland's
Lowland

LAND	Schotland, Lowlands
SOORT	Single Malt
ABV	40%
PRIJS	€

Proefnotitie

Een goudbruine variant uit de Schotse Lowlands, met een fruitige geur en tonen van gebrand eikenhout, karamel en beboterde toast. De smaak heeft lichte citrustonen met munt, en dominante fruit en mout. De afdronk is aan de korte kant. Deze versie is 8 jaar oud en eveneens exclusief bij de Mitra verkrijgbaar in Nederland.

McClelland's
Speyside

Land Schotland, Speyside
Soort Single Malt
ABV 40%
Prijs €

Proefnotitie

Deze aangename bronskleurige Speysider maakt het McClelland kwartet van de Mitra compleet. Geurig als perzik, toffee, zoete banaan, chocolade, karamel en verse dennennaalden. De smaak is fris, romig en zoet als noga met tonen van siroop, kokos, chocolade en een vleugje eikenhout. Samengesteld uit whisky's van 8 tot 12 jaar oud, heeft deze dram een middellange afdronk.

Monkey Shoulder

Land Schotland
Soort Blended Malt
ABV 40%
Prijs €

Proefnotitie

Dit is een zogenaamde triple malt. Er zitten 3 single malts in: Glenfiddich, The Balvenie en Kininvie. Zacht en gemakkelijk drinkbaar, licht fruitig; lieveling van veel bar tenders. Je kunt er namelijk uitstekende cocktails mee maken. De naam is een verwijzing naar een oude blessure bij mensen die op de moutvloer werken en de kiemende gerst handmatig keren door hem met een grote houten schep om te gooien. Als je het gereedschap verkeert vasthoudt, krijg je op den duur een "apenschouder".

THE NAKED GROUSE

LAND Schotland
SOORT Blend
ABV 40%
PRIJS €

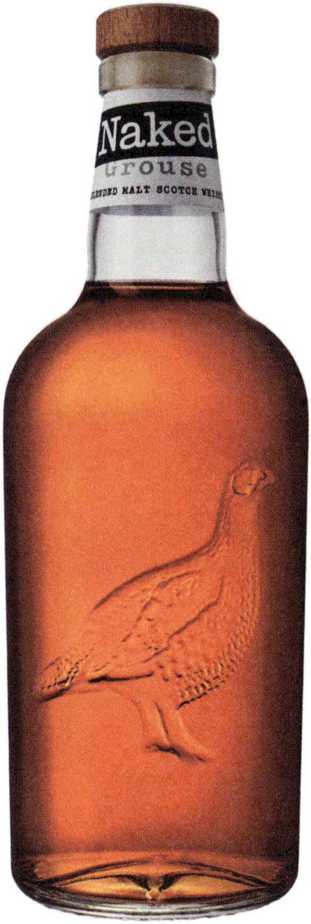

PROEFNOTITIE

Het onbeschaamde lid van de Famous Grouse familie. Onbedekt, met alleen een etiket als sjaaltje om de nek, toont hij zijn amber kleur. De beroemde vogel is in het glas geblazen. Een rijke blend waarvan de whisky's uitsluitend zijn gerijpt in ex-sherryvaten die slechts éénmaal zijn gebruikt. Aroma's van zwarte kersen, cacaopoeder en eikenhout. Smaken van zoete wijn, pruimen en een hint van kaneel. De afdronk brengt bittere chocolade, kruiden (gember?) en is middelzoet.

OBAN
14 YEAR OLD

LAND	Schotland, Western Highlands
SOORT	Single Malt
ABV	43%
PRIJS	€€

PROEFNOTITIE

Groenig goud. Rijk, zoet, fruit. Sinaasappel, citroen en peer met zeezout en turfrook. Late-herfstfruit, gedroogde vijgen en honingzoete kruiden, gevold door een rokerige, moutige droogheid. De afdronk is lang, soepel-zoet met eikenhout en een korreltje zout (letterlijk). Oban Distillery staat in het gelijknamige havenstadje en wordt gedomineerd door een vreemd bouwwerk, dat in de verte op het colosseum lijkt – McCaig's Folly.

OBAN
THE DISTILLERS EDITION

LAND	Schotland, Western Highlands
SOORT	Single Malt
ABV	43%
PRIJS	€€€€

PROEFNOTITIE

Een dram die een zilte zeebries oproept, golven van fruit op een moutbroodje. De smaak begint moutig waarna rijke fruittonen over je tong rollen, gedragen door het inkomende zilte tij. Stevig en vol, krachtig met een middellange afdronk die zoet is als demerara suiker, met Jamaicaanse koffie en eikenhout, waarna aan het eind de mout weer opdoemt. Narijping in Montilla Fino ex-sherryvaten. Het is een van een handvol distilleerderijen in Schotland die stammen uit de 18de eeuw en nog steeds in productie zijn.

OLD PERTH
ORIGINAL, NO. 6

LAND Schotland
SOORT Blended Malt
ABV 43%
PRIJS €€

PROEFNOTITIE

Het grote hart van deze blended malt wordt in iedere batch weer gevormd door whisky uit zeer actieve bourbonvaten van de Aultmore Distilleerderij. Daarnaast bevat deze blended malt kleine hoeveelheden whisky van een drietal andere (Highland) distilleerderijen. De geur is heerlijk fruiting en vol, met kruiden en houttonen. De smaak bedekt de tong met geel en rood fruit. Lichte aarden tonen met honing en kruidkoek volgen. De afdronk is prettig, middellang. Een excellent voorbeeld van deze categorie.

OLD PERTH
PEATY, NO. 2

LAND Schotland
SOORT Blended Malt
ABV 43%
PRIJS €€

PROEFNOTITIE

Een blended malt samengesteld uit geturfde whisky's. Volgens de website van Morrison & Mackay 'braakt hij rook uit'. Da's heftig. Het etiket toont een afbeelding van een schoorsteen uit de Victoriaanse tijd.

OLD PERTH
SHERRY CASK, NO. 2

LAND	Schotland
SOORT	Blended Malt
ABV	43%
PRIJS	€€

PROEFNOTITIE

Deze blended malt is gemaakt van whisky's uit butts, puncheons en hogsheads die eerst sherry hebben bevat. Hij is dieper en rijker dan de Original en heeft een uitgesproken sherryachtig karakter.

Old Pulteney
12 Year Old

LAND	Schotland, Northern Highlands
SOORT	Single Malt
ABV	40%
PRIJS	€€

Proefnotitie

Amber, met een roze gloed. Fris droog en ziltig in de neus. De smaak is opvallend zacht, gekruid, met ziltige mout. Dat zilte blijft hangen in de warme, lange afdronk. Old Pulteney Distillery staat in Wick, in het noordoosten van Schotland. Ooit was dit een belangrijke vissershaven, met name voor de haringvangst. Die vissen werden daar "silver darlings" genoemd. Tegenwoordig is het een recreantenhaven voor zeewaardige zeilboten. Op het etiket van Old Pulteney staat een oude haringkotter.

PADDY

LAND	Ierland
SOORT	Blend
ABV	40%
PRIJS	€

PROEFNOTITIE

Driemaal gedistilleerd voor een whiskey die bijzonder licht, evenwichtig en zuiver is. Paddy bevat een hoog percentage malt whiskey. Strogeel van kleur met frisse en levendige aroma's – noten, mout, bosgeuren en kruiden, met hints van vanille en honing. In de smaak ontwikkelen de geuren zich evenwichtig door en komt er een toon van gebrand hout bij. In de afdronk verdwijnt het zoete karakter langzaam, en maakt plaats voor een aangename, lang aanhoudende houttoon.

Port Charlotte
10 Year Old

Land Schotland, Islay
Soort Single Malt
ABV 50%
Prijs €€€

Proefnotitie

De kleur is geel als sleutelbloem. De rokerigheid van deze dram wordt in toom gehouden door het zeeklimaat van Loch Indaal, waar de distilleerderij aan ligt. Plantengeuren als heide en wilde tijm, naast karamel, een snufje gember, nootmuskaat en kruidnagel. Dan doemt citroen op. De smaak gaat daarin verder en voegt kokosnoot, citroenhoning en gerookte oester toe. Het houdt niet op, de afdronk geeft er nog mango, appel en abrikoos bij. Complex. Port Charlotte Single Malt wordt gestookt bij Bruichladdich Distillery.

Raasay
While We Wait

Land	Schotland, Highlands
Soort	Single Malt
ABV	46%
Prijs	€€€

Proefnotitie

Raasay is een eilandje voor de Schotse westkust, net ten oosten van Skye. R&B Distillers heeft hier kort geleden de nieuwe Raasay Distillery geopend. Aangezien de distilleerderij pas in bedrijf is (2017), is deze whisky afkomstig van een distilleerderij uit de Highlands en reflecteert de smaak die Rasaay nastreeft. De geur geeft licht fruitige aroma's met slechts een zuchtje rook. Die rook is wel in de smaak aanwezig naast kruiden, en droog fruit, veroorzaakt door rijping in rode wijnvaten uit Toscane. De afdronk blijft prettig lang hangen.

REDBREAST
12 YEAR OLD

LAND	Ierland
SOORT	Single Pot Still
ABV	40%
PRIJS	€€

PROEFNOTITIE

Een traditionele Ierse Single Pot Still Whiskey die Hans heeft leren drinken dank zij zijn mentor en vriend Michael Jackson (de belangrijkste whiskyschrijver van de 20ste eeuw en een stukje van de 21ste). Alleen daarom al heeft Redbreast een speciale plek in zijn hart. Een geurige, licht kruidige whiskey met wat fruit en hout. De smaak is vol en complex met kruiden, room, fruit en sherry; goed in balans. Lijnzaadolie smeert deze aangename dram waarvan de smaak prettig lang in de mond blijft hangen.

RIDGEMONT RESERVE
1792

LAND	Verenigde Staten, Kentucky
SOORT	Kentucky Straight Bourbon
ABV	46,85%
PRIJS	€€

PROEFNOTITIE

Elegant, soepel en zacht. Met karakter. Karamel en custard, met sinaasappel en rozijn. Een vleugje peper, maar niet opdringerig. Tabak, of liever, sigarenkistje. De afdronk is aangenaam droog. Het jaartal verwijst naar het jaar waarin de Commonwealth of Kentucky werd gevormd.

Rock Oyster

LAND Schotland
SOORT Blended Malt
ABV 46,8%
PRIJS €€

Proefnotitie

Rock Oyster is een eerbetoon aan de zee, gecreëerd met de fijnste malts van de eilanden Jura, Islay, Arran en Orkney. Waar het openbreken van een oester wordt beloond door het vinden van een parel, is de schat bij deze whisky te vinden in de verfijnde smaak en de geuren van de zee. Gebotteld in de natuurlijke kleur en niet-koudgefilterd. Dit kleine pareltje heeft een uitgesproken maritiem karakter, rijk aan zeezout, zoete turfrook, honing en peper.

ROYAL BRACKLA
12 YEAR OLD

LAND	Schotland, Highlands
SOORT	Single Malt
ABV	40%
PRIJS	€€€

PROEFNOTITIE

Een vriendelijke geur van bladeren en geparfumeerde bloementonen, amandelen en sappige druiven. De aroma's zetten zich door in de smaak met een bloemig karakter dat zowel fruitig als kruidig is. De afdronk is lang en aangenaam met duidelijke sherrytonen. Een van de drie Schotse distilleerderijen die ooit het predicaat Royal mochten ontvangen van een Britse monarch. De andere twee zijn Royal Lochnagar (bij Balmoral Castle) en Glenury Royal (die is afgebroken maar er bestaan nog wel voorraden van).

Royal Salute
21 Year Old

LAND	Schotland
SOORT	Blend
ABV	40%
PRIJS	€€€€€

Proefnotitie

Ambergoud. Rijke, fruitige aroma's met zoetige herfstbloemen. Peer en citrusfruit voor de balans, met een beetje vanille, sherry en rook. Smaken van sinaasappelmarmelade en verse peer, waarna kruiden en hazelnoten volgen. De afdronk is lang, met hints van rook. Favoriet van de Nederlandse dj Gerard Ekdom.

Royal Salute
38 Year Old
Stone of Destiny

Land Schotland
Soort Blend
ABV 40%
Prijs €€€€€€

Proefnotitie

Vernoemd naar de steen waarop gedurende eeuwen de Schotse koningen en koninginnen werden gekroond. Amberkleurig met diepe aroma's van cederhout, amandel, eik en sherry. De smaak is vol met gedroogd fruit, pittige kruiden en duidelijk bloemig. De afdronk blijft lang hangen.

Royal Salute
62 Gun Salute

LAND	Schotland
SOORT	Blend
ABV	43%
PRIJS	€€€€€€

Proefnotitie

Vernoemd naar de hoogste Britse ceremoniële eer, die 62 saluutschoten van de Tower of London voorschrijft. De geur is bijzonder rijk met fruittonen. Rijpe pruimen sluiten naadloos aan bij zoetige sherry. Prachtige donkere chocoladetonen huwen met hints van warme kaneel. Een explosie van smaken waar zoete Sevilla-sinaasappel zich vermengt met notige en eiken sensaties. Dan volgt een beetje rook. De afdronk blijft ook hier lang hangen.

SCAPA
GLANSA

LAND	Schotland, Islands (Orkney)
SOORT	Single Malt
ABV	40%
PRIJS	€€€

PROEFNOTITIE

Aroma's van zachte perzik, ananas en vanille vermengen zich met subtiele rook van een kampvuurtje op het strand. De smaak zet zich daarin voort, evenwichtig. De afdronk is opmerkelijk lang met een duidelijk rokerig karakter.

Scapa
Skiren

Land	Schotland, Islands (Orkney)
Soort	Single Malt
ABV	40%
Prijs	€€€

Proefnotitie

Met een kleur van rijk herfstgoud ontwikkelt deze Orkney-malt zich van delicate bloemengeuren en verse peer naar zoet-fruitige ananas en een onverwachte citrustoon. In de smaak komt ook honingmeloen opzetten met explosies van peer tegen een contrastrijke achtergrond van zoete citroensorbet. Een lange en verfrissende finale.

THE SINGLETON OF DUFFTOWN

12 YEAR OLD

LAND	Schotland, Speyside
SOORT	Single Malt
ABV	40%
PRIJS	€€

PROEFNOTITIE

Een lekkere, gemakkelijk drinkbare malt whisky met een diep gouden kleur. De geur doet denken aan geboend hout, gestoofde appel, hazelnoot en bruine suiker, met dadels, zoethout en peer. In de smaak komen daar bramen en espresso bij. De afdronk is middellang, rond, verwarmend en elegant. In het kort, een allemansvriend, mooi in evenwicht, voor een breed publiek. Gerijpt in Amerikaans eiken en Europees eiken vaten.

SPEY
FUMARE

LAND Schotland, Speyside
SOORT Single Malt
ABV 46%
PRIJS €€

PROEFNOTITIE

Fumare staat voor rook (van een turfvuurtje in dit geval) en dat is goed te merken. Deze geturfde whisky wordt al sinds de opening gedistilleerd bij de Speyside Distillery, maar pas sinds kort onder deze naam op de markt gebracht. Sterke medicinale geur, teerzeep, met een frisse zeelucht en jodium en zeewier. Met een drupje water wordt dit alles wat milder en komt er zoete vanille los. De smaak beweegt tussen zoet en licht zoutig, met een afdronk van turf en rook. Licht en elegant voor een rokerige whisky.

SPEY
ROYAL CHOICE

LAND	Schotland, Speyside
SOORT	Single Malt
ABV	46%
PRIJS	€€€€€

PROEFNOTITIE

De Spey Royal Choice is het topmodel van de Speyside distilleerderij, het predikaat Royal waardig. Toffee, gedroogd fruit en eiken met een romig karakter in de geur, terwijl de smaak er butterscotch, donkere bessen, warme kruiden en kruidige houttonen aan toevoegt. Oud, rond en zeer chique, met een lange, zijdezachte afdronk. Een dram van whiskies van verschillende leeftijden, tot wel 25 jaar oud.

SPEY
TENNÉ

LAND	Schotland, Speyside
SOORT	Single Malt
ABV	46%
PRIJS	€€

PROEFNOTITIE

Gemaakt in de Speyside distilleerderij in de buurt van Kingussie. Een blend van verschillende jaargangen gerijpte single malt whisky werd nog een tijdje aan ex-tawny portvaten toevertrouwd, waardoor de whisky een rode gloed heeft gekregen. Appels en peren met een schijfje overrijpe banaan, gedompeld in melkchocolade en vanille. Vrij zoet en prima als aperitief te nuttigen. De middellange afdronk is niet al te nadrukkelijk aanwezig.

SPEY
TRUTINA

LAND	Schotland, Speyside
SOORT	Single Malt
ABV	46%
PRIJS	€€

PROEFNOTITIE

Gemaakt in de Speyside Distillery in Kingussie en de opvolger van de 10-jarige versie. Trutina is Latijn voor balans. Een licht fruitige geur van druiven, appel en lychee stijgt op uit het glas, gevolgd door bloemen en gesuikerde snoepjes, met een likje honing. De smaak is een voortzetting van de geur met een vleugje witte peper. De afdronk is droog, met een stukje witte chocolade als afsluiter. Elegante dram die opgroeide in ex-bourbonvaten.

Speyburn
10 Year Old

Land	Schotland, Speyside
Soort	Single Malt
ABV	40%
Prijs	€€

Proefnotitie

Goud, met amber doorschoten. Een rijk aroma van bloemen, limoen en citrusfruit stijgt op uit het glas. De smaak is delicaat met een fruitig karakter. De afdronk is soepel. Een "easy drinking" whisky. Ooit kregen zalmvissers in de Spey rivier een gratis fles als ze de gevangen zalm levend terugzetten. Dan moesten ze wel een getuige hebben om het verhaal te staven. Vaak was dat de "ghillie", een soort gids en assistent bij het vissen.

STRATHISLA
12 YEAR OLD

LAND Schotland, Speyside
SOORT Single Malt
ABV 40%
PRIJS €€

PROEFNOTITIE

Licht goud; vol en fruitig met een hooi-achtig karakter, omgeven door een zacht-zoete notigheid. Het hart van deze whisky is heel herkenbaar met tonen van honing. Strathisla vormt de kern waar de blend Chivas Regal omheen is gebouwd. De distilleerderij is de oudste nog werkende in de Speyside-regio en wellicht de meest gefotografeerde. De dubbele pagode en het waterrad dat ervoor geplaatst is, lenen zich daar ook uitstekend voor.

Stronachie
10 Year Old

Land Schotland, Highlands
Soort Single Malt
ABV 43%
Prijs €€

Proefnotitie

Rond 1890 bevond zich op de grens van Perth en Kinross de Stronachie stokerij waar tot 1928 een mooie highland whisky werd gemaakt. Toen viel het doek. Voorgoed? De naam is door onafhankelijk bottelaar A.D. Rattray, ooit agent van het merk, weer tot leven gewekt met de slogan “Lost in time … not in spirit”. Aroma’s van zachte honing, aarde, heide en moutige zoetheid. De smaak schakelt tussen stroperige honing en biskwie enerzijds, duidelijk aanwezige peper en mout anderzijds. Een evenwichtige verleider.

TALISKER
10 YEAR OLD

LAND	Schotland, Islands (Skye)
SOORT	Single Malt
ABV	45,8%
PRIJS	€€

PROEFNOTITIE

Groenig goud. Krachtige turfrook met een hint van zilt zeewater, verse oesters en zoet/zuur als citrusfruit. Dan gedroogd fruit met wolken van rook en sterke gerstsmaken. Achterin peperig. Lange, grote afdronk met peper en zoetheid die de eetlust opwekt. Komt van Skye, het Neveleiland, in het midden doorkliefd door de Cuillins, een berucht en beroemd gebergte, geliefd en gevreesd door bergbeklimmers.

TALISKER
THE DISTILLERS EDITION

LAND	Schotland, Islands (Skye)
SOORT	Single Malt
ABV	45,8%
PRIJS	€€€

PROEFNOTITIE

Een geslaagd huwelijk van turfrook en rijke zoetheid. Kastanjebruin van kleur, met een verleidelijk aroma van sherry en rozijnen. De smaak is zeer vol, met sappig fruit, vanille en een olieachtige body. In de afdronk komt cacao naar voren, vanille en aarden turfrook met een zoetig randje, neigend naar droog. Narijping in Amaroso ex-sherryvaten. Talisker is een uitgesproken favoriet van Becky.

TALISKER
PORT RUIGHE

LAND	Schotland, Islands (Skye)
SOORT	Single Malt
ABV	45,8%
PRIJS	€€€

PROEFNOTITIE

Goud met een zweem van rood. Eerst rokerig als een uitdovend kampvuur, gevolgd door de geur van rijke, rijpe pruimen. Peper lost op in een romig/rokerige smaak, vermengd met kruiden en donker fruit. De afdronk lijkt eerst zoet, maar wordt langzamerhand droog/rokerig. Blijft hangen. De naam komt van de hoofdstad van het eiland Skye – het pittoreske stadje Portree, waarvan het haventje omzoomd is met pastelkleurige huizen.

Talisker
Skye

Land	Schotland, Islands (Skye)
Soort	Single Malt
ABV	45,8%
Prijs	€€

Proefnotitie

Het toegankelijke broertje van de 10-jarige versie. Zachter maar toch rokerig met die peperige toon die de Talisker-familie kenmerkt. Een sinaasappel eten aan Loch Harport, waar de zilte zeelucht deze whisky completeert, naast een appel en een peer. Kortom, fruit, rook en peper, alles in balans.

TALISKER
STORM

LAND	Schotland, Islands (Skye)
SOORT	Single Malt
ABV	45,8%
PRIJS	€€

PROEFNOTITIE

Begint zacht en zoet maar ontwikkelt zich heet kruidig als een opstekende storm. Eindigt evenwichtig met zoet, rook en zout. Schoon, lang en verwarmend. Past ook wel bij de plek waar deze dram word gemaakt, aan Loch Harport, bij het dorpje Carbost. Daar kan het weer af en toe behoorlijk spoken.

TAMDHU
12 YEAR OLD

LAND	Schotland, Speyside
SOORT	Single Malt
ABV	43%
PRIJS	€€

PROEFNOTITIE

Een klassieke 'sherry' dram. Ruikt naar verse kaneelbroodjes met suikerglazuur, zoet eikenhout en een beetje munt. De smaak geeft banaan, moutkoekjes en heeft een klassieke sherrytoon. Een zijdezachte body maakt deze whisky zeer aangenaam. De afdronk is lang en evenwichtig met gemalen specerijen, gedroogd fruit en slechts een vaag spoortje turfrook.

TEELING
WINE CASKS FINISH

LAND Ierland
SOORT Single Grain
ABV 46%
PRIJS €€

PROEFNOTITIE

Jack Teeling heeft samen met zijn broer Stephen sinds 2014 een eigen distilleerderij in Dublin. Deze wine finish komt nog uit de oude voorraden van Jack. Een grain whisky, dus gestookt van maïs met een klein beetje gemoute gerst, levert doorgaans een wat zoete smaak op. Deze dram start verrassend kruidig en ontwikkelt zich in de richting van rode bessen en druiven. Een tikje tannisch aan het eind.

TEELING

LAND Ierland
SOORT Single Malt
ABV 46%
PRIJS €€€

PROEFNOTITIE

Rijk, gedroogd fruit, citrus, vanille, kruidnagel, alles in balans. Een bijzondere vatting van whiskeys die gerijpt zijn in een combinatie van Sherry-, port-, madera-, witte bourgogne- en cabernet sauvignon-vaten. Een unieke limited edition waar zelfs een beetje 23 jaar oude single malt in is verwerkt, afkomstig van voorraden van de Cooley distilleerderij.

TEELING
SMALL BATCH
RUM CASKS FINISH

LAND	Ierland
SOORT	Blend
ABV	46%
PRIJS	€€

PROEFNOTITIE

Deze small batch Irish whiskey heeft een narijping op een rumvat gehad en dat is in de aroma's te herkennen. Zoet kruidig danst hij je neusgaten binnen en sprankelt op de tong. In de afdronk komen wat houttonen naar voren. Jack Teeling noemde zijn drie pot stills naar zijn drie dochters.

TEXELSE

LAND Nederland
SOORT Single Malt, Single Grain
ABV 41-45% (varieert per batch)
PRIJS €€€€

PROEFNOTITIE
Op Waddeneiland Texel worden sinds 2014 in distilleerderij De Lepelaar verschillende whisky's gemaakt: Single Malt en Single Smoked Malt. Extra bijzonder zijn de Single Grain (met diverse graansoorten van het eiland) en de Seaweed, waarvan de brouwers het graan zelf roken met zeewier uit de Waddenzee. Voor de rijping worden verschillende eiken vaten gebruikt: nieuw Frans eiken, ex-Oloroso, ex-PX, Texelse rode wijn en meer. De whisky wordt per vat gebotteld waardoor elke botteling uniek is.

TOMATIN
12 YEAR OLD

LAND Schotland, Highlands
SOORT Single Malt
ABV 43%
PRIJS €€

PROEFNOTITIE

De ligging van Tomatin is idyllisch en daarom is het geen wonder dat de medewerkers graag dicht bij hun werk wonen. Dit is een soepele, zijdeachtige variant op het thema, gerijpt in een combinatie van ex-bourbon barrels en Spaanse ex-sherryvaten. Rijke fruitige aroma's vormen de introductie naar zoete smaken van rijpe appel, peer en een hint van noten. De body is olieachtig en de afdronk aangenaam lang.

TOMATIN
14 YEAR OLD

LAND	Schotland, Highlands
SOORT	Single Malt
ABV	46%
PRIJS	€€€

PROEFNOTITIE

Een zachte, zoete en soepele dram die na te zijn opgegroeid in ex-bourbon barrels nog een extra rijping kreeg in vaten die voorheen 50 jaar lang Tawny Port hadden gekoesterd. Een rijke evenwichtige single malt met aroma's van rode bes, zoete honing en volle toffee. De smaak brengt licht fruit en noten naar voren die leiden naar een langdurige afdronk die doet denken aan een smakelijke fruitsalade.

TOMATIN
LEGACY

LAND	Schotland, Highlands
SOORT	Single Malt
ABV	43%
PRIJS	€€

PROEFNOTITIE

Een single malt van een distilleerderij waar de medewerkers nog steeds rondom, op het terrein mogen wonen. Dat is al zo sinds Tomatin in 1897 werd opgericht. Dit is een dram die opgroeide in ex-bourbon barrels en nieuwe eikenhouten vaten. Het levert een burst van vanille, marshmallow, ananas en citroen in de geur, terwijl de smaak ook appels, zuurtjes en sponge cake naar voren brengt. De afdronk is licht, vrij kort en schoon.

TOMINTOUL
10 YEAR OLD

LAND Schotland, Speyside Glenlivet
SOORT Single Malt
ABV 40%
PRIJS €€

PROEFNOTITIE

Goud. Hints van citrusfruit, toffee en rozijnen. Schoon en romig, in balans, zoet met vriendelijk kruidige eik. Houdt lang aan, zoetig en kruidig. De distilleerderij ligt net buiten Tomintoul, het hoogstgelegen dorpje van Schotland en thuishaven van de whiskyspeciaalzaak The Whisky Castle. Tomintoul is de enige die zich met het affix 'Glenlivet' mag afficheren, want is (behalve The Glenlivet) de enige distilleerderij in de Livet vallei.

TULLAMORE D.E.W.

LAND Ierland
SOORT Blend
ABV 40%
PRIJS €

PROEFNOTITIE

Deze blend bevat alle drie soorten Ierse whiskey's: grain, pot still en single malt. Een licht prettig aroma van zoet/zuur citrusfruit, groene appel en vanille. De smaak levert vroegrijp fris fruit op en leidt naar getoast hout met heerlijke vanille. In de afdronk wordt de sensatie zo soepel als zachte boter.

TYRCONNELL

LAND Ierland
SOORT Single Malt
ABV 40%
PRIJS €€

PROEFNOTITIE

Licht groenig goud. Een heerlijk lichte, soepele en delicate malt. Je proeft citrusfruit en lijnzaad met een snufje kruiden dat absoluut niet domineert. Een fluwelen body en een afdronk die de eetlust opwekt. Een aperitief whisky bij uitstek. De naam verwijst naar een beroemd Iers renpaard dat ooit met 100:1 een wedstrijd won en zijn eigenaar aangenaam rijk maakte.

WILD TURKEY
101

LAND	Verenigde Staten, Kentucky
SOORT	Kentucky Straight Bourbon
ABV	50,5%
PRIJS	€

PROEFNOTITIE

Koperkleurig met een ingehouden geur van toffee, butterscotch en eikenhout. Sigarenkistjes, peper en pepermunt, karamel, met honing op toast die net niet is aangebrand. Een rijke, kruidige finale met een extra toast. Wild Turkey wordt al meer dan vijftig jaar gemaakt door Jimmy Russell. Hij wordt inmiddels bijgestaan door zijn zoon Eddie. Whiskey runs in the family!

WOODFORD RESERVE

LAND	Verenigde Staten, Kentucky
SOORT	Kentucky Straight Bourbon
ABV	45,2%
PRIJS	€€

PROEFNOTITIE

De enige bourbon ter wereld die driedubbel gestookt wordt in pot stills. Amber-honing qua kleur met rijke tonen van gedroogd fruit, een takje munt en sinaasappel besprenkeld met cacao. In de achtergrond vanille en tabaksgeur. Rijk van smaak, bijna kauwbaar, soepel en rond, complex met citrusfruit, kaneel, cacao, toffee, karamel, chocolade en een kruidige toets. Lange afdronk, begint romig, dan langzaam opdrogend.

WRITERS TEARS
COPPER POT

LAND	Ierland
SOORT	Blend
ABV	40%
PRIJS	€€

PROEFNOTITIE

Een unieke blend van gerijpte single malt en single pot still, het archetype Ierse whiskey. Vlagen van appel met hints van vanille. Vriendelijk gekruid met gember en boomgaardfruit. De afdronk is lang, elegant met een stukje bittere chocolade. Rijping heeft plaatsgevonden in Amerikaans eiken ex-bourbon barrels. Ongeturfd en driemaal gedistilleerd, zonder grain whiskey gemaakt. Hans is er dol op en heeft in 't Kroegje in Zwolle zijn eigen fles op het schap staan.

Writers Tears
Red Head

Land Ierland
Soort Single Malt
ABV 46%
Prijs €€

Proefnotitie

Een Ierse roodhoofd, dat klinkt bijna als een pleonasme. De robijnrode kleur verklaart hier echter veel. Een driedubbel gedistilleerde single malt, uitsluitend gerijpt in ex-Oloroso sherry butts. De geur geeft sinaasappelschil, gedroogd fruit en in sherry gewelde pruimen. In de smaak komen daar noten en rozijnen bij. De afdronk kondigt zich aan met romig eikenhout, een scheutje sinaasappel en houdt rustig en langdurig aan. Prachtig complex. Niet-koud gefilterd.

Yellow Spot
12 Year Old

Land	Ierland
Soort	Single Pot Still
ABV	46%
Prijs	€€€

Proefnotitie

Vers hooi en gemalen zwarte peperkorrels. Rode paprika, nootmuskaat, kruidnagelolie en groene thee. Zoete honing en perziken door rijping op Malaga vaten. Na de honing komt ook verse koffie, romige melkchocolade en crème brûlée. Tonen van rode appel en getoaste eik. Gecompliceerde afdronk, met droge gerst op het eind.

HET HOEKJE VAN HANS

Het gebeurt de laatste jaren geregeld dat ik gevraagd word om deel te nemen aan een festivalactiviteit die de combinatie 'vrouwen en whisky' wil benadrukken. Mijn antwoord is dan steevast NEE. Ik heb er natuurlijk uitgebreid over nagedacht want ik wijs niet zomaar een goed bedoeld aanbod af. De reden waarom ik er geen gehoor aan geef is dat ik me er niet comfortabel bij voel. Het is ook helemaal niet nodig om de nadruk op die combinatie te leggen. Waarom?

Al eeuwen spelen vrouwen een belangrijke rol in de whiskywereld. Het stoken van whisky begon als een traditionele cottage industry op de boerderij. Een deel van de oogst werd aangewend om er whisky van te stoken. Dat werd doorgaans gedaan door vrouwen, terwijl de mannen op het land werkten en het vee hoedden. Een van de eerste en zeer bekende voorbeelden, stammend uit de 19de-eeuwse Schotse whiskyindustrie, is Helen Cumming van Cardhu, die boerderij en distilleerderij erfde toen haar echtgenoot in 1846 overleed. Na haar dood werd ze opgevolgd door haar schoondochter Elizabeth. Een ander voorbeeld, uit de 20ste eeuw, is Bessie Williamson, die in 1934 als typiste bij Laphroaig begon en twintig jaar later in 1954, na de dood van eigenaar Ian Hunter, de distilleerderij, een eilandje, een som geld en een stuk onroerend goed erfde.

Vrouwen hielpen met de administratie, met het steken van turf, het bottelen van whisky en andere voorkomende werkzaamheden in en rond de distilleerderij. Toen in de 70-er en 80er jaren van de vorige eeuw de grote consolidaties op gang kwamen en het stoken van whisky op industriële schaal steeds uitgebreider werd gedaan, werden er nog altijd vrouwen voor allerlei banen ingehuurd, doch zij stonden doorgaans niet in de spotlights en werkten voor het grootste deel achter de schermen.

De laatste twintig jaar is daar een duidelijke kentering in gekomen. Vrouwen zijn meer zichtbaar geworden naar buiten toe. Niet alleen in de bezoekerscentra als tour guide, maar ook als distillery eigenaars, distillery managers, master distillers, master tasters, master blenders, brand ambassadors en in de directie van drankenconcerns. In Nederland hebben we sinds 2009 ook een vrouw die zowel eigenaar als distillateur is – Lisanne Benus van Kalkwijck Distillers in Vroomshoop.

Het schrijversgilde kent al decennia internationaal bekende vrouwelijke auteurs en professionele proevers, onder wie Helen Arthur († 2015) die in 1997 haar eerste whiskyboek *The Single Malt Whisky Companion* publiceerde, Martine Nouet, wiens eerste whiskyboek *Les Routes du Malt* in 1999 verscheen en Annabel Meikle, de huidige directeur van The Keepers of the Quaich, die tal van artikelen op haar naam heeft staan. En in Nederland is Sanne Smits een van de drijvende krachten achter de online winkel whiskyboeken.nl

Vanaf 2006 vorm ik samen met Becky 'The Whisky Couple' en onder die naam presenteren wij proeverijen, ook wel master classes genoemd. Van toen tot nu hebben we het percentage vrouwen dat aanwezig is, beduidend zien groeien – van zo'n 5% tot 25 à 30% en dat aantal neemt nog steeds toe. In dat opzicht is er wel wat veranderd. Whisky is beslist geen mannendrankje.

En ten slotte: Voor mij bestaan er ook geen speciale vrouwen- of mannenwhisky's. Het enige dat telt is je eigen smaak.

English Whisky Company | The Glenlivet | Nantou | Reservoir Distillery
WHISKY
20 WHISKIES TASTED
www.whiskymag.com
Celebrating the whiskies of the world
The Macallan
The future of distilling
Ichiro Akuto
Japanese craft trailblazer
Exploring Glasgow
Your guide to the whisky city
Canadian whisky
Exploding the myths
A paragraph publication
July 2018
Issue 152
£5.25

BECKY'S CORNER

Ik mag graag koken en het combineren van een gerecht met een bepaalde whisky vind ik bijzonder leuk om te doen. Dat ontdekte ik toen wij in 2007 *De Smaak van Whisky* publiceerden waaraan vier chefs uit vier verschillende landen hadden meegewerkt. Voor Nederland was dat Jonnie Boer, voor Frankrijk Martine Nouet (alhoewel ze toen al naar Islay was verhuisd), voor België Chef Stef Roesbeke en last but not least David Graham voor Schotland. Hij werkte destijds op Cadboll House voor Glenmorangie.

Het maken van dat boek, samen met die vier getalenteerde mensen, was een enorme leercurve voor me. Ik leerde dat je zowel de harmonie als de confrontatie kunt opzoeken bij het combineren en hoe je iets smaakvol kunt presenteren – een oester bedruppelen met een pipetje Bowmore, of een plakje gerookte zalm verstuiven met een vleugje Talisker. Het zijn maar een paar voorbeelden.

Een whiskydiner was in die tijd 'ongehoord'. Je moest wijn bij het eten drinken. Whiskyschrijvers waren er ook nog niet mee bezig of vonden het maar niets (een uitzondering als Martine Nouet daargelaten, die al sinds 1999 over whisky en eten publiceert). Het doet me weer denken aan een bijeenkomst in Londen waar een groot aantal bier- en whiskyschrijvers de laatste eer aan Michael Jackson had bewezen. Na afloop gingen we met een hele club naar een pub in de buurt om wat te eten en herinneringen aan Michael op te halen. Ik zat naast Jim Murray en vertelde hem dat de Engelse editie *A Taste of Whisky*, waar Michael nog het voorwoord voor had geschreven, op het punt van uitkomen stond. 'Als het maar niet over eten gaat', haalde Jim zijn neus en wenkbrauwen op, ‘dat is een modegril die zo weer overwaait en ik moet er niets van hebben’. Tja, Bill Gates schijnt ooit ook gezegd te hebben dat internet niet interessant was.

Internet is niet meer weg te denken en het whiskydiner heeft een vaste plek veroverd op menig whiskyfestival. Whisky Bites, Whapa’s (whisky tapas), het lijkt tegenwoordig de normaalste zaak van de wereld. Toch was er wel wat overtuigingskracht voor nodig. Ter ondersteuning van *De Smaak* organiseerden we bij Grand Hotel Wientjes in 2007 het eerste whiskydiner in Zwolle. Wat hielp was dat de chef een groot liefhebber van whisky en van Schotland was.

De aanwezigen hadden het naar hun zin, maar vonden het wel een beetje vreemd en lieten dat ook duidelijk merken. Whisky, en geen wijn? Wat is dit? Aan het eind van de avond sprak Hans’ oudste zoon Sietse de gedenkwaardige woorden: ‘Ik denk dat dit één keer is, whisky en eten slaat niet echt aan.’ Tien jaar later presenteerde Sietse in zijn rol als European Brand Ambassador van The Macallan een eigen whiskydiner in het prestigieuze Intercontinental Amstel Hotel in Amsterdam. Het kan verkeren.

De Smaak van Whisky is allang uitverkocht maar er is nog steeds vraag naar. Reden voor ons om 10 jaar na het verschijnen ervan een nieuw boek over whisky en eten te maken, wederom in samenwerking met Jonnie & Thérèse Boer. De 23 uitgelezen combinaties in *De Keuken in met Whisky* zijn door ons vieren allemaal samengesteld in de keuken van de Librije, in vier sessies waar passie, smaak, creativiteit en humor de boventoon voerden.

Of je nu thuis probeert een eigen combinatie te maken, of je laat je inspireren door een boek, of je gaat naar een speciaal whiskydiner, in elk geval wens ik je veel eet- en drinkplezier.

DE KEUKEN IN MET WHISKY

Hans Offringa

In samenwerking met De Librije

12
12
YEARS OLD
BOTTLED IN SCOTLAND
BOTTLED IN SCOTLAND
OBAN
75cl e
40%Vol
UNBLENDED HIGHLAND
MALT SCOTCH
WHISKY
JOHN HOPKINS & CO. LTD.
GLASGOW, SCOTLAND

WHISKYSPECIAALZAKEN

ALKMAAR

Hielander Scottish Restaurant Ridderstraat 15, 1811 EX Alkmaar (072) 512 00 15, hielander.booking@gmail.com, www.hielander.com www.hielanderwhiskyfestival.nl

AMERSFOORT

Van Wees Leusderweg 260, 3817 KH Amersfoort, (033) 461 53 19 winkel@vanweesholland.com, www.vanweesholland.com

AMSTERDAM

J.D. William's Whisky Bar, SMWS Partner Bar Prinsenstraat 5, 1015 DA Amsterdam, (020) 362 06 63, info@jdwilliamswhiskybar.com, www.jdwilliamswhiskybar.com

Ton Overmars Wijnwinkel-Slijterij Hoofddorpplein 11, 1059 CV Amsterdam, (020) 615 71 42, info@tonovermars.nl, www.tonovermars.nl

Whiskycafé L&B Korte Leidsedwarsstraat 82-84, 1017 RD Amsterdam, (020) 625 2387, info@whiskyproeverijen.nl, www.whiskyproeverijen.nl

ANNEN

Slijterij Pinotage Zuidlaarderweg 87, 9468 AD Annen, (0592) 272 813, info@slijterijpinotage.nl, www.slijterijpinotage.nl

Arnhem

Wijnkoperij Yves Boode Steenstraat 28, 6828 CK Arnhem, (026) 351 56 81, info@yvesboode.nl, www.yvesboode.nl

Bathmen

t Bockje Bathmen Brink 2, 7437 AM Bathmen (0570) 541 278, info@bockje.nl, www.bockjebathmen.nl

Bilthoven

Whisky- en wijnhandel Verhaar Planetenbaan 2a, 3721 LA Bilthoven, (030) 228 44 18, verhaar@whiskyshop.nl, www.whiskyshop.nl

Bolsward

Us Heit Snekerstraat 43, 8701 XC Bolsward, (0515) 577 449, info@usheit.com, www.usheit.com

Brummen

Kasteel Engelenburg Eerbeekseweg 6, 6971 LB Brummen, (0575) 569 999, info@engelenburg.com, www.engelenburg.com

Bussum

Best of Whiskies Spiegelstraat 38C, 1405 HX Bussum, (035) 691 3683, nils@bestofwhiskies.com, www.bestofwhiskies.com

Culemborg

Drankenspecialist Van Rooij Chopinplein 7, 4102 CP Culemborg, (0345) 514 374, info@drankenspecialist.net, www.drankenspecialist.net

Doesburg

Eaglesburn Distillery Kloosterstraat 15, 6981 CC Doesburg, (06) 41 810 110 info@eaglesburndistillery.com, www.eaglesburndistillery.com

Dordrecht

Van Pelt Slijterij Visstraat 16, 3311 KX Dordrecht, (078) 616 0485, info@vanpeltslijterij.nl, www.vanpeltslijterij.nl

Driebergen-Rijsenburg

de Mol DrankenSpecialist Traaij 102, 3971 GS Driebergen – Rijsenburg, (0343) 514 796, info@demoldranken.nl, www.demoldranken.nl

Eindhoven

Van der Heijden Kruisstraat 85, 5612 CD Eindhoven, (040) 243 75 43, bestel@heijdenwijnimport.nl, www.heijdenwijnimport.nl

Elburg

Vos Vinos Beekstraat 4, 8081 EC Elburg, (0525) 681 476, info@vosvinos.nl, www.vosvinos.nl

Ermelo

Drankenkabinet Putterweg 36, 3851 GD Ermelo, 06 133 49 029 info@drankenkabinet.nl, www.drankenkabinet.nl

Gouda

Slijterij Den Gouwen Aar Oosthaven 6, 2801 PB Gouda, (0182) 581 958, info@slijterijdengouwenaar.nl, www.slijterijdengouwenaar.nl

Groningen

Hein Post Wijn & Whisky Nieuwe Ebbingestraat 104, 9712 NP Groningen, (050) 318 7030, ebbingestraat@heinpost.nl, www.heinpost.nl

Van Weringh's Whisky World Woldweg 70, 9734 AE Groningen, 06 112 92 895, info@vanweringhswhisky.world www.vanweringhswhisky.world

Whisk(e)y & Speciaalbiercafé De Toeter, SMWS Partner Bar Turfsingel 6, 9712 KP Groningen, (050) 312 44 99, info@cafedetoeter.nl, www.cafedetoeter.nl

Den Haag

Van Zuylen Loosduinse Hoofdplein 201, 2553 CP Den Haag, (070) 397 14 00, info@whiskyvanzuylen.nl, www.whiskyvanzuylen.nl

Den Helder

Slijterij van der Lem Beatrixstraat 13A, 1781 EL Den Helder, (0223) 613 937, info@slijterijvanderlem.nl, www.slijterijvanderlem.nl

's-Hertogenbosch

Whiskyslijterij De Koning Hinthamereinde 41, 5211 PM 's-Hertogenbosch, (073) 614 3547, whiskykoning@whiskykoning.nl, www.whiskykoning.nl

Hilversum

Delivino Wijnen en Gedistilleerd Van Hogendorplaan 44A, 1215 EH Hilversum, (035) 628 3862, info@delivino.nl, www.delivino.nl

Hoorn

Wijn en Whisky Speciaalzaak `t Fust Kerkstraat 11, 1621 CW Hoorn, (0229) 214 974, slijterij@t-fust.nl, www.t-fust.nl

IJmuiden

Slijterij & Wijnhuis Zeewijck Zeewijkplein 25, 1974 PA IJmuiden, (0255) 540 331, info@zeewijck.nl, www.zeewijck.nl, www.whiskyenrumaanzee.nl

Joure

Wijnkoperij Joure - Wijn & Whisky Midstraat 142, 8501 AW Joure, (0513) 412 022, info@wijnkoperij-joure.nl, www.wijnkoperij-joure.nl

Kluizen (B)

Eetablissement De Cluysenaer Kluizendorpstraat 82, 9940 Kluizen-Evergem, België +32 (09)3 577 337, info@cluysenaer.be, www.cluysenaer.be

Krommenie

Slijterij Drinks & Gifts Heiligeweg 15A, 1561 DD Krommenie, (075) 640 5179, info@drinks-gifts.nl, www.drinks-gifts.nl

Maassluis

Het Drankenkabinet Zuidvliet 10, 3141 AL Maassluis, (010) 599 04 60, proeverij@hetdrankenkabinet.nl, www.hetdrankenkabinet.nl

Zonneveld Uw Topslijter Mesdaglaan 231, 3141 HE Maassluis, (010) 591 32 32, info@uwtopwhisky.nl, www.uwtopwhisky.nl

Musselkanaal

Slijterij Frans Muthert Schoolstraat 48, 9581 GC Musselkanaal (0599) 613 121, aeilke@fransmuthert.nl, www.dramtime.nl

Oisterwijk

Proeflokaal 't Gelagh Lindeplein 3, 5061 HT Oisterwijk, (013) 522 0127, info@proeflokaaltgelagh.nl, www.proeflokaaltgelagh.nl

Ouderkerk aan den IJssel

WhisQy.com Abelenlaan 6, 2935 SB Ouderkerk aan den IJssel (0180) 721 048, info@whisqy.com, www.whisqy.com

Rijswijk

Whiskyspecialist van der Boog Prinses Irenelaan 359-361, 2285 GA Rijswijk, (070) 394 00 85, info@passievoorwhisky.nl, www.passievoorwhisky.nl

Roeselare (B)

Bull Pool Café en Myriam's WhiskyShop St-Amandsstraat 77, 8800 Roeselare, België +32 (0)51 240 869, bull@skynet.be, www.thebull.be

Steenwijk

Slijterij bij Bert uw Drankenspeciaalzaak Scholestraat 27, 8331 HS Steenwijk, (0521) 516 627, info@slijterijbijbert.nl www.slijterijbijbert.nl

Texel (Den Hoorn)

Het Kompas Restaurant Whiskey Bar Herenstraat 7, 1797 AE Den Hoorn Texel, (0222) 319 360, whiskybar@whiskybarplaza.nl, www.whiskybarplaza.nl

Landgoed de Bonte Belevenis Rommelpot 11, 1797 RN Den Hoorn Texel, (0222) 314 180, info@landgoeddebontebelevenis.nl, www.landgoeddebontebelevenis.nl

Veenendaal

Slijterij het Plein Dr. Slotemaker de Bruïneplein 1, 3904 CX Veenendaal, (0318) 511 050, info@slijterij-hetplein.nl, www.slijterij-hetplein.nl

Vlagtwedde

Bij Thijs Dr. P. Rinsemastraat 2A, 9541 AL Vlagtwedde, (0599) 313 352, info@bijthijs.com, www.bijthijs.com

Wageningen

Woudenberg Dranken Wageningen Junusstraat 55-57, 6701 AX Wageningen, (0317) 412 301, info@woudenbergdranken.nl, www.woudenbergdranken.nl

Zuid-Beijerland

Slijterij/Wijnhandel De Graaf Dorpsstraat 213, 3284 AH Zuid-Beijerland, (0186) 662 177, administratie@drankenhandeldegraaff.nl, www.slijterijdegraaff.nl

Zwolle

Bartels slijterij/whiskyspeciaalzaak Diezerstraat 124, 8011 RL Zwolle, (038) 421 51 90, info@slijterijbartels.nl, www.slijterijbartels.nl

Café de Tagrijn Buitenkant 8, 8011 VH Zwolle, (038) 421 1867, info@cafedetagrijn.nl, facebook.com/cafedetagrijn

Mitra Zwolle Assendorperstraat 85, 8012 DG Zwolle, (038) 422 91 33, info@mitra-assendorp.nl, www.mitra-assendorp.nl

Patrick's Bar in **Hotel Restaurant Fidder, SMWS Partner Bar** Kon. Wilhelminastraat 6, 8019 AM Zwolle, (038) 421 83 95, info@hotelfidder.nl, www.hotelfidder.nl

Whiskyclubs en Festivals

Whiskyclubs

Nederland

Alkmaar	Ben Nevis Club www.bennevisclub.nl
Arnhem	Dutch Whisky Society www.dutchwhiskysociety.nl
Ede	Pagoda Whisky www.pagodawhisky.nl
Groningen	Whiskyclub Groningen www.whiskyclubgroningen.nl
Haarlem	King's Court Whisky Society www.kcws.nl
Hengelo	Twents Whisky Genootschap facebook.com/groups/392227584232661/
Landelijk	International Whisky Society www.internationalwhiskysociety.nl
Landelijk	The Usquebaugh Society www.levenswater.nl
Lelystad	SeaBottom WhiskyClub www.sbwc.nl
Nijmegen	Whiskyclub 't Woest Genoegen www.hetwoestgenoegen.nl
Oss	Whisky Oss www.whiskyoss.nl

Purmerend	Whisky Society Waterland www.whiskysocietywaterland.nl
Zwolle	Blue Water Whiskyclub Zwolle www.bwwz.nl

België

Avelgem	The Wee Dram Whisky Society www.weedram.be
Brussels	The BXL Whisky Club thebxlwhiskyclub@thonhotels.be
Diest, Linter en Hamme	United Whisky Clubs www.diestsewhiskyclub.be
Gent	The Glengarry Whisky Club www.glengarry.be
Halle	Maltclan www.maltclan.be
Kessel-Lo (Leuven)	Malt Monkeys Whiskyclub Leuven www.maltmonkeys.be
Leuven	Fulldram www.fulldram.be
Lokeren	The Green Door Whisky Club www.whiskyclub.eu
Mol	Cask Six facebook.com
Turnhout	Whiskytroef Turnhout facebook.com

Voor meer clubs en festivals, zie www.whiskybase.com

FESTIVALS

Januari	www.whiskyamsterdam.nl	Amsterdam
Februari	www.hielanderwhiskyfestival.nl	Alkmaar
Maart	www.whiskyfestival.be	Gent (B)
	www.wfnn.nl	Groningen
	www.whiskyevent.nl	Wageningen
April	www.whiskyinleiden.nl	Leiden
	www.festival.whiskyfair.com	Limburg a/d Lahn (D)
April/mei	www.spiritofspeyside.com	Craigellachie e.o. (GB)
	www.whiskyweekendtwente.nl	Almelo
Mei/juni	www.islayfestival.com	Islay (GB)
September	www.maltstock.com	Overasselt
	www.whiskybythesea.nl	Vlissingen
Oktober	www.potstillfestival.com	Amersfoort
	www.whiskyenrumaanzee.nl	IJmuiden
	www.whiskybase.com/gathering	Rotterdam
	www.mitra-assendorp.nl	Zwolle
November	www.spiritsinthesky.be	Brussel (B)
	www.whiskyfestival.nl	Den Haag
	www.hotelfidder.nl	Zwolle

Whiskyliteratuur

Onze whiskybibliotheek bevat bijna 600 boeken over onze favoriete drank, geschreven tussen eind 19de eeuw en 'vorige' week, en talloze publicaties in de vorm van kranten, tijdschriften en marketing materiaal. Niet alleen Nederlandse en Engelse uitgaven, maar ook Japanse, Spaanse, Duitse, Zweedse, Italiaanse en zelfs Russische boeken. Een bron van leesgenot, maar ook en vooral een onmisbare inspiratiebron voor artikelen en het verifiëren van feiten.

Waar het decennia lang vooral over Schotse en Amerikaanse whisky ging , is er inmiddels een veel breder assortiment op de markt gekomen, met uitgaven die zich richten op Japanse whisky, bijvoorbeeld het uitstekende boek van Stefan Vaneycken – *Whisky Rising – The Definitive Guide to the Finest Whiskies and Distillers of Japan* (2017), bij verschijnen al een klassieker. Peter Mulryan stofte zijn uit 2002 stammende *The Whiskeys of Ireland* af en voorzag het van een nieuw jasje in 2016. Dat mocht ook wel, want in Ierland is heel veel gebeurd in de afgelopen jaren en het aantal distilleerderijen is daar zienderogen toegenomen. Martine Nouet kwam met een langverwacht vervolg op *Les Routes du Malt* (1999) en presenteerde het smaakvolle *à Table – from glass to plate* (2016). Jim Murray is alweer aan de 16de versie van zijn *Whisky Bible* toe, en ook Ingvar Ronde gaat onvermoeibaar door met het *Malt Whisky Yearbook* waarvan de 14de editie in 2018 is verschenen. Canadese whisky wordt vakkundig belicht door Davin de Kergommeaux in zijn *Portable Expert* dat in 2017 in een tweede, herziene editie verscheen (de 1ste werd in 2012 gepubliceerd).

Daarnaast is er een golf van whiskyboeken verschenen van nieuwe auteurs. Vaak zijn het amateurs en 'one trick ponies', waar daarna niet

WRITERS
TEARS
COPPER POT
IRISH WHISKEY
PRODUCT OF IRELAND
WALSH
AT ROYAL OAK

meer van wordt vernomen, maar er zitten ook waardevolle debuten bij, zoals het interessante *Whisky van de Lage Landen*, van vakjournalist Wieger Favier, een echte aanrader en een prachtig overzicht van wat er tegenwoordig aan whisky in Nederland en België wordt gemaakt.

De oude garde, waar ik mijzelf na bijna 30 jaar schrijven over whisky ook wel toe mag rekenen, laat gelukkig nog regelmatig van zich horen met nieuwe boeken. Dave Broom kwam met het prachtige, integere en filosofisch getinte *The Way of Whisky – A Journey around Japanese Whisky* (2017), waarin hij zijn liefde voor Japan betuigt, niet alleen met whisky maar met de Japanse manier van leven in de breedte. Ian Buxton blijft 101-boekjes aan de lopende band produceren en Charlie Maclean's meest recente meesterwerk heet *Scotland's Secret History – Illicit distilling and smuggling* (2017) dat hij samen met Daniel MacCannell schreef. En mijzelf lukt het nog steeds om elk jaar minstens één boek in het Engels en het Nederlands te doen verschijnen.

Helaas hebben we ook afscheid moeten nemen van een oudgediende, *Whisky Etc. Magazine*, opgericht in 2003 door Wouter Wapenaar cs, en daarna verscheidene keren van eigenaar veranderd. Ik heb er 15 jaar met veel genoegen bijdragen aan mogen leveren, onder het toeziend oog van good old Thom Olink, vrijwel vanaf het begin de bezielende hoofdredacteur, bijna tot het eind. Het *laatste* nummer van *Whisky Etc.* is, met dank aan Milan Potuznik inmiddels verschenen. Gelukkig hebben we *Whisky Passion* nog dat inmiddels ook al meer dan 12 jaar bestaat, zowel in druk, online als met een prachtige app. Op WP's website staan in de rubriek *Boekenplank* regelmatig nieuwe recensies.

Enfin, er blijft genoeg te lezen en wil je weten welke whiskyboeken de afgelopen tijd nog meer verschenen zijn, kijk dan eens in www.whiskyboeken.nl, de online shop van broer en zus Sebastiaan en Sanne Smits.

Overige Publicaties van Hans

Whiskyboeken

1815-2015 – 200 Years of Laphroaig
Blended Whisky
Bourbon & Blues
Classic Malts Selection
The Craigellachie Collection of Whisky Labels
The Famous Scheurkalender
A Field Guide to Whisky
De Keuken in met Whisky
The Legend of Laphroaig
The Malt Log
Malts & Jazz
Malt Whisky
Men neme Malt
Mijn Whisky
Nightcaps
Proeven van Schotland
De Smaak van Whisky
Still Stories–Whiskyverhalen van Kentucky tot Kilbeggan
Wat Je als Whiskyliefhebber Moet Weten
De Weg naar Craigellachie
Wereld van Whisky
Whisky Scheurkalender
Whisky & Jazz
A Year of Good Whisky

Bijdragen:
101 Whiskies to Try Before You Die (Ian Buxton)
1001 Whiskies (Dominic Roskrow et al)
30 Second Whisky (Charles MacLean et al)
Beer Hunter, Whisky Chaser (Ian Buxton et al)
Whisky – Eyewitness Guide (Charles Maclean et al)
WORLD WHISKY (Charles Maclean et al)
Whisky – The World Atlas (Dave Broom)

Vertaalde werken:
De Malt Whisky Companion (Michael Jackson)
Focus Whisky (Charles Maclean et al)
Whisky – De Wereldatlas (Dave Broom)
Whisky Encyclopedie (Michael Jackson)
Whisky Geclassificeerd (David Wishart)
Whisky Mini Winkler Prins (Carol Shaw)

ANDERE NON FICTIE

De Berging van de Koersk
Champagne – De Smaak
Champagne – De Traditie
Golf – Hoe & Waarom?
Golf – Wie, Wat, Waar?
Rum & Reggae

Landenregister

Engeland

Ierland

Taiwan

Verenigde Staten

Zuid-Afrika